FRANCO Y LA GUERRA CIVIL ESPAÑOLA

La historia del momento más oscuro de España

Por Jonathan D'Haese

Traducido por Marina Martín Serra

FRANCISCO FRANCO

- **¿Nacimiento?** El 4 de diciembre de 1892 en El Ferrol del Caudillo (actualmente El Ferrol o Ferrol) en Galicia (noroeste de España).
- **¿Muerte?** El 20 de noviembre de 1975 en Madrid.
- **¿Función?** General y, más adelante, jefe del Estado español (1 de abril de 1939-20 de noviembre de 1975).
- **¿Principales aportaciones?**
  - La marginación del Frente Popular y de sus aliados tras la Guerra Civil.
  - El establecimiento de un Estado conservador con el apoyo de la Iglesia y del Ejército.
  - La proclamación de Juan Carlos de Borbón como heredero a la cabeza del Estado.

Franco, uno de los últimos dictadores de Europa occidental, será recordado por la dureza y la violencia del régimen que impone en España desde el final de la Guerra Civil hasta su muerte, en 1975.

Franco nace en una España desgarrada por culpa de numerosas luchas internas y es, ante todo, un militar: con 20 años, en busca de aventuras, se une a la Legión Extranjera y lucha en la guerra que enfrenta a los ejércitos franco-españoles con las tribus rifeñas (1921-1926). En esa época, destacará en el desembarco en la bahía de Alhucemas (1925).

En julio de 1936, cuando se produce el golpe de Estado para derrocar al Frente Popular, que ostenta el poder, su aparente indiferencia por la política le permite imponerse como un líder susceptible de coordinar la acción de la insurrección contra los republicanos. Se le reconocerá como Generalísimo y jefe del Estado nacionalista durante la Guerra Civil gracias a su implicación en el desembarco de más de 20 000 legionarios del Ejército de África, que asegura el control del oeste de España a los nacionalistas a finales de septiembre de ese año.

El futuro Caudillo, que ya tiene el terreno preparado, sabe aprovechar con destreza las rivalidades entre los miembros de la falange fascista: se instaura como árbitro, les obliga a unirse al Movimiento Nacional por decreto y luego les sumerge en una guerra que, con el apoyo de la Iglesia, presentará como una «cruzada contra los enemigos de España». Tres años después, aprovecha la victoria de su bando para establecer una dictadura.

Aunque para el resto de naciones Franco encarna el régimen reaccionario que establece, el dictador consigue seguir al mando de España durante muchos años. Sin embargo, a finales de los años cincuenta se verá obligado a revisar las fuentes de legitimidad de su poder, puesto que llegará una nueva generación de españoles que ignoran los horrores de la Guerra Civil y aspiran al cambio. Entonces, el vencedor de la guerra se presenta como el abuelo de una España que se dirige hacia un «milagro económico» y, para reintegrar al país en el concierto europeo, designa al príncipe Juan Carlos de Borbón (nacido en 1938) como su sucesor. Entonces, comienza el declive para Franco, que poco a poco ve cómo se debilita el control absoluto que ejercía, y cómo van aumentando las protestas contra su régimen. Cuando fallece en 1975, deja tras él una España profundamente devastada por más de 35 años de dictadura, a la que le costará muchísimo recuperarse.

BIOGRAFÍA

Un joven destinado al Ejército

Francisco Franco Bahamonde nace el 4 de noviembre de 1892 en Ferrol, una ciudad de guarnición gallega marcada por el declive del ejército español. Sus padres, Nicolás y Pilar, pertenecen a la clase media de una casta militar. Aunque su padre lo desprecia, Franco desea seguir sus pasos y hacer carrera en la Marina. Sin embargo, la Academia de la Marina se cerrará de forma definitiva en 1907 tras la humillación que sufre la flota española a manos de los Estados Unidos en 1898. Entonces, Francisco se queda con su madre, afectuosa pero distante, y con su padre, un alcohólico que terminará abandonándolos y marchándose a Madrid.

Tras cursar estudios secundarios con malos resultados, el joven Franco no tiene todavía 15 años cuando entra en la Academia Militar de Toledo para entrar en el Ejército de Tierra. Los profesores forman a reclutas destinados a un ejército rutinario que cuenta, por lo menos, con 160 000 soldados de infantería, 12 000 oficiales y 213 generales. Sus valores se resumen en la disciplina absoluta, en la fidelidad al rey y a la patria y en el rechazo de las responsabilidades de la crisis sobre el poder civil. Cuando termina su formación, Franco es destinado como subteniente a su ciudad natal, donde tendrá mucho tiempo para meditar sobre lo que ha aprendido al amparo de los cuarteles.

La escapatoria marroquí

Franco, cuyo destino se presenta monótono, entiende rápidamente que es importante aprovechar las ocasiones en las que se presente algo de acción. En 1912, reclama el único territorio de aventuras que todavía puede ofrecerle la España postcolonial: Marruecos, cuyas supuestas riquezas cautivan a los miembros del ejército español. En 1904, los españoles creyeron que se repartían la costa del norte de África con Francia pero, desde que desembarcaron en el territorio en 1906, los franceses han extendido su control en el país, dejándole a España tan solo el Rif en el noreste y el Yebalá al noroeste. Desde entonces, la región del Rif se ha convertido en una zona de enfrentamientos permanentes entre el ejército español y las tribus rifeñas sublevadas. Entre 1910 y 1925, las montañas de este territorio se convierten en el privilegiado teatro de las operaciones llevadas a cabo por oficiales españoles, que no le encuentran otro sentido a su carrera que el de ir tras las medallas o dar su vida para preservar una colonia de la que España ya no puede aspirar a sacar ningún beneficio.

Tras los combates llevados a cabo entre 1909 y 1911, la renovación de los dirigentes explica la promoción rápida de jóvenes suboficiales y, en especial, la de Franco en el 8.° Regimiento del Ejército de África. Algunos días después de su llegada, el 17 de febrero de 1912, se le asigna un puesto en el monte Tifasor, que domina Melilla, donde aprenderá los rudimentos de la guerra y donde sentirá que revive, al estar tan cerca del peligro. En abril de 1913, entra en el Regimiento de las Fuerzas Regulares Indígenas del Ejército de África, la sección más disciplinada del ejército español, y es enviado a la periferia de Tetuán, donde participa en múltiples operaciones punitivas con el objetivo de someter a Mohammed el Raisuni (1871-1925), jefe natural de la tribu del Yebalá y aspirante al trono de Marruecos.

En tres años, su compromiso le permite adquirir la capacidad de ejercer influencia en sus hombres. El coraje que demuestra le ayuda a subir los peldaños de la jerarquía militar a un ritmo intenso. Poco a poco, empiezan a circular rumores que hablan de la invulnerabilidad de este hombre más bien pequeño, reservado y estricto, pero justo con sus soldados. En 1916, resulta herido durante el asalto a la fortaleza del Biutz, y esto refuerza todavía más su aura, hasta el punto que el rey Alfonso XIII (1886-1941), contra la opinión del Alto Consejo Militar, apoya su promoción al rango de comandante del ejército español. Con menos de 24 años, Franco ya reúne todas las cualidades de un caudillo.

El episodio de Asturias (1917-1920)

No hay ninguna vacante en el Regimiento de los Regulares (fuerzas regulares indígenas) que se corresponda con el nuevo grado de Franco, por lo que se le confía el mando de un batallón de infantería acuartelado en Oviedo, donde descubrirá la condición de los mineros asturianos de la cuenca hullera.

En 1917, cuando regresa a España, Franco se encuentra con un país cambiado. Enriquecida por la neutralidad del país en el conflicto mundial, se ha impuesto una nueva clase de empresarios en detrimento de los obreros de Cataluña y de Asturias, que luchan por alimentar a sus famílias. Además, la influencia de la Revolución Leninista rusa entusiasma a los sindicatos que, convencidos de que es tiempo para que el proletariado se subleve, presionan a las clases medias intensificando las huelgas y los atentados. Pero, ¿qué aspectos de esta realidad conoció Franco? Cuando llega a Oviedo para tomar su mando, descubre una capital aristócrata con aires provinciales. Las élites están divididas entre la burguesía colonial, de vuelta de Cuba y de Filipinas, y la casta de los propietarios mineros. En esta sociedad tan cerrada, Franco toma consciencia del malestar que reina en el seno del ejército, atrapado entre la violencia de los sindicatos anarquistas y la impotencia de la monarquía para restablecer el orden. Entonces, los militares se repliegan sobre sí mismos en el seno de juntas corporativistas para defender sus privilegios contra la ambición de los veteranos de Marruecos, codeándose con el rey en Madrid. Dada su trayectoria, el joven comandante se muestra discreto y cuida su imagen en público. Esta estrategia da sus frutos, ya que consigue que lo acepten en los círculos de la alta sociedad y conoce a Carmen Polo Martínez-Valdés (1900-1988), con la que se casará en agosto de 1917.

Durante ese verano, estalla una tormenta: la anarquista CNT (Confederación Nacional del Trabajo) y la socialista UGT (Unión General de Trabajadores) realizan un llamamiento a la huelga, que obtiene un seguimiento masivo en Cataluña y en la cuenca de Asturias. El general Ricardo Burguete (1899-1933), gobernador de Asturias, declara inmediatamente el estado de guerra. Los socialistas catalanes de la UGT dan marcha atrás, de forma prudente, mientras que los anarquistas de Asturias presentan una resistencia encarnizada frente a las columnas del príncipe heredero, que están bajo las órdenes de Franco. Finalmente, el joven comandante retira sus tropas de Oviedo en el momento más duro del enfrentamiento (septiembre de 1917) pero, en virtud de la ley marcial, participará en los tribunales encargados de castigar a los huelguistas. Desempeña esa tarea con frialdad, instruyendo los expedientes de los menores arrestados, pero se pronuncia a favor de las familias de obreros en varias ocasiones.

Franco, impresionado ante la violencia de los anarquistas, toma consciencia de la voluntad que tienen los poderosos de mantener a sus obreros en la pobreza, dejándoles solamente el recurso a la huelga como medio de presión contra el orden establecido. Sin embargo, esto no significa que considere que la acción de los sindicatos es legítima: al contrario, esta experiencia lo convence todavía más de que el ejército es la única defensa entre el orden y las acciones de los agentes extranjeros (los comunistas), que perjudican la economía nacional. Más tarde, el dictador aprenderá la lección de los acontecimientos de 1917 y, mediante un sindicato único, establecerá una forma de paternalismo de inspiración católica, con el objetivo de hacer callar las voces de los obreros y de evitar su politización.

LA GUERRA DEL RIF (1920-1925)

Retorno a la legión

En 1919, Franco conoce al teniente coronel José Millán-Astray (1879-1954) durante un período de entrenamiento en la escuela de tiro de Valdemoro, cerca de Madrid. Este veterano de la guerra hispano-estadounidense es la persona ideal para sostener el esfuerzo de guerra en el Rif, donde los legionarios españoles terminan a duras penas la conquista de Djebala, que se asegurarán en octubre. Bajo la orden de Federico Berenguer (1877-1948), José Millán-Astray planea fundar una legión extranjera inspirada en los Tercios de Flandes del siglo XVI. Tomando como ejemplo a la legión argelina francesa, admirada por su actitud durante la Gran Guerra (1914-1918), espera que la disciplina de estos soldados permita reanudar las operaciones militares en el Rif central. El 28 de enero de 1920, el rey acepta el proyecto, ya que lo ve como el último recurso para terminar la guerra de África sin tener que movilizar a los reclutas españoles, mal preparados ante las maniobras de las tribus rifeñas. Ya solamente queda constituir esta unidad de élite. Sin embargo, los ánimos exaltados de Astray no dan cabida a la logística; consciente de este defecto, le propone a Franco el mando del primer batallón de su nueva legión, convencido de que la calma y la valentía del joven oficial se complementarán con su fogosidad.

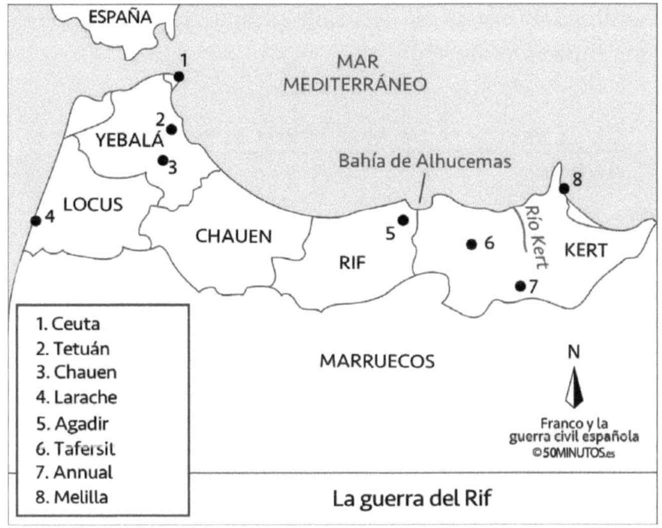

El 20 de octubre de 1920, Franco desembarca en Ceuta con 200 voluntarios de distintas nacionalidades. Apenas dos años después de la movilización total de las sociedades europeas, Astray presume de transformar a cientos de marginados en legionarios dedicados en cuerpo y alma a la causa de España y al exterminio de sus enemigos. Sin embargo, sin la dedicación absoluta de Franco a los objetivos de su mentor, la legión nunca se habría convertido en ese cuerpo de élite, muy eficaz a la hora de represaliar a las tribus rifeñas. Convencido de que se trata de marginados físicamente inferiores, Franco somete a sus tres compañías a una férrea disciplina, enseñándoles a ignorar el hambre, el miedo, el dolor y la piedad. El futuro Caudillo es un jefe respetado que se deja la piel en su trabajo, movilizando a hombres allí donde sea necesario sacar al ejército regular de una situación catastrófica.

DE LA REVUELTA DE ABDELKRIM AL DESASTRE DE ANNUAL

En 1920, la guerra del Rif llega a un punto de inflexión. El éxito de Berenguer en el frente occidental permite arrebatarle Tetuán a Mohammed el Raisuni (heredero al trono de Marruecos, 1871-1925), asegurar el corredor marítimo hacia Ceuta y restablecer la conexión con Larache en el frente atlántico. En el sur, la conquista de Chauen y luego el sometimiento de las tribus de la región de Melilla en el este permite la instauración de una base militar en contacto con el interior del país. Con estas victorias, Madrid le manda una señal de fortaleza a Rabat y a París: tras 12 años de prórrogas diplomáticas, el Rif español es una realidad.

Sin embargo, parece que desde 1909 hay una región que resiste: el Rif central. Dirigida por la figura de Mohamed Ameziane –llamado El Mizzian por los españoles– (1859-1912), esta región tiene dos barreras de protección estratégicas, el río Kert y la bahía de Alhucemas, lo que disuade a Berenguer de arriesgarse a asaltarla. Como en la región de Djebala, la estrategia de control del colonizador español se basa en una colaboración frágil con los Beni Urriaguel, la tribu de Abdelkrim el Jatabi (1882-1963).

En 1920, el padre de este se compromete a ser neutral y a avivar las rivalidades entre tribus. Sin embargo, a pesar del éxito inicial, los españoles no consiguen desembarcar a suficientes hombres para proteger a su aliado. En agosto, además, el padre de Abdelkrim es envenenado, y su hijo se subleva contra los españoles. En ese momento, la región se convierte en el centro de las aspiraciones de independencia, que este último canaliza para que se cree un estado republicano de confesión islámica. Entre tanto, el nuevo comandante de Melilla, Manuel Fernández Silvestre (1871-1921) logra llevar a sus tropas hasta Tafersit, en los pies de las montañas que conducen a la bahía de Alhucemas, en territorio de las tribus de los Temsaman y los Beni Urriaguel.

El 1 de junio de 1921, los españoles refuerzan la posición en Dar Uberran frente al Jebel el Kâma. Solamente destacan a 250 hombres y a media docena de cañones y ametralladoras antes de volver a la base de Annual. Esa misma noche, la milicia del Jebel el Kâma, ante la ausencia de Abdelkrim —que ha vuelto a su feudo de Agadir— toma la iniciativa y contraataca. Antes de que anochezca, los rifeños obtienen la victoria con un inesperado balance: 150 hombres capturados y 400 armas arrebatadas a los españoles. Esta hazaña une a la resistencia en torno a los Beni Urriaguel, base de la resistencia rifeña. La guerra relámpago ha terminado para Silvestre, ahora concentrado en mantener las posiciones capturadas y las conexiones todavía existentes entre sus tropas. El 17 de julio, la debacle se confirma con el fracaso de un intento de abastecimiento de las tropas españolas en Igueriben, y Annual queda al descubierto. El 21 de julio, 5000 combatientes rifeños llegan a Annual y masacran al contingente español. Fernández Silvestre, obligado a retirarse e incapaz de asumir una derrota de tal envergadura, se suicida. Este acontecimiento, con consecuencias importantes a ambos lados del Mediterráneo, reforzará la unión de las tribus de Beni Urriaguel, Beni Janus, Beni Tuzin y Temsaman alrededor de Abdelkrim.

Entre 1921 y 1924, Franco alcanza la cumbre de su carrera militar en una España extremadamente tensa: en 1922, las repercusiones del desastre de Annual envenenan el clima político del país. Ante la magnitud de la tragedia, que ha dejado más de 7000 muertos, el Gobierno se ve obligado a crear una comisión de investigación que cuestiona al ejército y a la monarquía. Para contrarrestar la crisis, el 12 de septiembre de 1923 el capitán general de Cataluña, Miguel Primo de Rivera (1870-1930), toma el poder e instaura una dictadura, con el pretexto de preservar la autoridad del rey. Alfonso XIII, por su parte, quiere salir de la trampa rifeña y apoya el pronunciamiento de Primo de Rivera, que entonces se encarga de organizar la retirada de las tropas de Marruecos. Franco, frente a esta política, se erige como portavoz del partido de los oficiales africanistas, oponiéndose al abandono de un territorio de cuya conquista se enorgullece. Asimismo, criticará públicamente la inacción del Ministerio de la Guerra en la revista colonial de abril de 1924. Para él, solamente se podrá acabar con Abdelkrim y establecer un protectorado mediante una importante ofensiva. Sin embargo, la situación para los españoles es precaria, ya que solamente controlan la zona de Melilla y las ciudades de Ceuta, Larache, Tetuán y Chauen, al oeste, mientras que Abdelkrim ha extendido su autoridad en toda la zona del Rif, de la que se ha autoproclamado emir. En este contexto, la visita de inspección de Primo de Rivera a Marruecos, entre el 11 y el 21 de julio de 1924, causa tensiones entre los legionarios y el dictador. En diciembre, Franco se ve obligado a defender a los españoles y marroquíes que se han unido a su causa durante la evacuación de la ciudad santa de Chauen.

El desembarco de Alhucemas (8 de septiembre de 1925)

En este punto, Abdelkrim comete un error que será provechoso para la carrera de Franco. Seguro de su victoria, lanza varias incursiones hacia Fez, en zona francesa, y se niega a reconocer la autoridad del califa Muley Yusuf (1881-1927), mientras que el protectorado no cuestiona la dinastía alauí. París se toma la amenaza muy en serio y manda al mariscal Pétain (1856-1951) a Tetuán para que negocie una estrategia de ataque con Primo de Rivera. Franco asiste al encuentro, en el que tratan sobre la realización de un desembarco en la bahía de Alhucemas, un proyecto que él había defendido previamente ante el rey.

El peñón de Alhucemas frente a Agadir.

Entre todas las opciones posibles, la que ofrece más posibilidades de éxito es el ataque español, puesto que aprovecha el apoyo combinado de la flota y de las tropas francesas para cubrir el avance de los 18 000 soldados españoles, escoltados de Ceuta y Melilla hasta una larga playa en el sur del bando de los rebeldes. Se le encomienda a Franco la fase más delicada del operativo: desembarcar en la costa el primero y despejar el terreno para que los ejércitos puedan desembarcar. Las embarcaciones se enfrentan a un mar agitado y chocan entre ellas, por lo que la situación empieza a resultar caótica. Los legionarios, aguantando los fusiles por encima de sus cabezas, siguen a su líder y consiguen desembarcar en la playa de la Cebadilla el 2 de septiembre de 1925, a pesar de los disparos de los hombres de Abdelkrim. Cinco días después, el 7 de septiembre, los regulares lograrán ampliar la cabeza de puente y abrirán una brecha en el bastión del León del Rif. Un mes más tarde, el ejército español llega a Agadir, mientras el ejército francés reduce los últimos focos de resistencia en el sur de la bahía de Alhucemas. Finalmente, la república rifeña de Abdelkrim llega a su fin: en mayo de 1926 el líder, que se había refugiado en las montañas de su territorio, se entrega a los franceses y cierra la página de la guerra de Marruecos.

EL NACIMIENTO DEL CAUDILLO (1926-1935)

Una carrera brillante

El éxito del desembarco en Alhucemas inaugura un periodo próspero para Franco que, entregado a su carrera de soldado, se convierte con tan solo 33 años en un general muy bien considerado por el Estado Mayor de su país e incluso recibe la Legión de Honor en 1926. Los años que pasa en las filas del ejército y luego a la cabeza de la Legión Extranjera no hacen más que reafirmar su confianza en un ejército garante del orden social, y el fanatismo que observa en Astray lo convence de la eficacia de la violencia sin piedad contra los enemigos de España.

Franco ve que hay que sacar provecho de la prensa, en una sociedad en vías de mediatización. Jugando con la fantasía de la opinión pública, que necesita ver éxitos militares, elige con destreza a los corresponsales que irán a Melilla a entrevistarlo, y les ofrece la imagen de un líder valiente a la cabeza de legionarios invulnerables. Su propaganda da tan buenos resultados que, en mayo de 1924, en el punto álgido de la crisis de Marruecos, el corresponsal del *Matin*, publicación oficial de la embajada francesa, escribe que «los periodistas lo proclaman héroe tres veces a la semana»[1].

---

1. Cita traducida por 50Minutos.es

El 29 de mayo de 1923, es ascendido a teniente coronel y, el 3 de febrero de 1926, lo ascienden a general de brigada en Madrid. En este punto, ya solo tendrá que dejar las primeras filas de combate para servir a la monarquía de otra forma.

A la cabeza de la Academia Militar de Zaragoza (1927-1930)

Primo de Rivera confía en la lealtad de Franco y le confía una nueva misión que hará que deje el puesto de mando de la 1.ª Brigada madrileña: el 4 de febrero de 1928, lo nombra director de la Academia Militar de Zaragoza. En efecto, tras los fracasos de Marruecos, Primo de Rivera concibe el proyecto de crear una academia general destinada a formar a los aspirantes a oficiales, ya que piensa que el problema radica en las rivalidades que existen en el seno del Ejército entre los soldados de infantería, los artilleros, los caballeros y los ingenieros militares.

Cuando Franco llega a Zaragoza en 1927, la institución todavía está en construcción. Desde el comienzo, se compromete con dicha empresa, presiona a los obreros y, mediante el desgaste, consigue abrir la academia en la fecha prevista. Franco, que ha sufrido la decadencia del Ejército, se perfila como un dictador fiel a su casta, preocupado por inculcar un nuevo espíritu de solidaridad a sus hombres y por hacer que entren en la modernidad.

En 1927, recorre las escuelas de la Reichswehr («fuerza armada del Reich») y los cuarteles del ejército francés, que le causó una fuerte impresión durante el desembarco franco-español de 1925, por su coordinación y uso de nuevas armas sacadas de la Primera Guerra Mundial. De estas visitas, resulta un programa de cursos prácticos, orientado hacia el aprendizaje de las armas, de la cartografía y de la topografía. Además, Franco está decidido a dirigir la academia según las normas más modernas, para que represente un apoyo eficaz para la dictadura de Primo de Rivera. Sin embargo, al obstinarse a privilegiar la disciplina militar por encima de los intereses civiles, Franco tendrá algunos desaciertos políticos que serán fatales para la monarquía.

Los primeros años de la República (1930-1933)

El rey, el Ejército y los empresarios que llevaron a Primo de Rivera al poder le retiran su apoyo en 1930, a causa de la negativa del dictador a arremeter contra la reforma agraria, de su torpe toma de control de los sindicatos catalanes y de la depreciación de la peseta. Desesperado, intenta recurrir a la confianza de los militares para volver a obtener apoyos pero, al no obtener ninguna respuesta, dimite de su cargo el 28 de enero de 1930 y se marcha a París.

Alfonso XIII, que no puede recurrir a la Constitución de 1874 ya que él mismo la ridiculizó, está atrapado en su propia trampa. Durante un año, la obstinación del monarca en recurrir a generales para gobernar ha disuadido a los españoles de la idea del trono, y antiguos políticos monárquicos, como Niceto Alcalá Zamora (1877-1949) y Miguel Maura (1887-1971), se pronuncian ahora a favor de la instauración de una república en España. En agosto de 1930, fundan el partido radical Alianza Republicana en la ciudad vasca de San Sebastián, con el apoyo del PSOE (Partido Socialista Obrero Español) y de personalidades inesperadas como

Ramón Franco (1896-1938), hermano del futuro Caudillo. En diciembre, la UGT anarquista se une al movimiento y llama a los obreros y a los estudiantes a la sublevación a favor de la república, e incluso se planea una insurrección militar para el día 12 de diciembre, pero debe posponerse tres días. No obstante, nadie ha advertido de ello a los capitanes Fermín Galán (1889-1930) y García Hernández (fallecido en 1930) de la guarnición de Jaca que, a las seis de la mañana, abandonan su cuartel y se suman a la revuelta. Quedan rápidamente aislados y tienen que entregarse. Se les juzga por amotinamiento y el general Emilio Mola (1887-1937) ordena su ejecución: se tratará de los primeros mártires de la causa republicana.

El movimiento se refuerza gracias a la labor de algunos intelectuales, como Ortega y Gasset (1883-1955). La agitación es tal que Alfonso XIII decide convocar elecciones municipales el 12 de abril de 1931, con las que espera remediar la situación. Sin embargo, el voto resulta ser un plebiscito contra la monarquía y, la noche de las elecciones, se anuncia el veredicto: los socialistas y los republicanos liberales han ganado en casi todas las capitales de provincia de España. En el centro de Madrid, una multitud entusiasmada aclama ya el gobierno de Alcalá Zamora, mientras Alfonso XIII deja la capital y pone rumbo hacia Cartagena, sin ceremonias.

La desaparición de la monarquía sorprende a Franco en Zaragoza, justo cuando acaba de terminar el programa de su academia. Sin embargo, ni reconoce ni condena el Gobierno provisional de la República. El periódico monárquico *ABC* difunde un rumor: la República le habría prometido a Franco el puesto de alto comisario de asuntos marroquíes, pero este responde que «habiendo obedecido con total lealtad al régimen precedente, no desea ninguna función que haga creer que renuncia a esta lealtad»[2] (Suarez 1993). Para corroborar estas afirmaciones, mantiene la bandera bicolor de la monarquía en el tejado de la academia hasta que recibe la orden de sustituirla.

Con tal de intentar mejorar las relaciones tumultuosas entre el nuevo régimen y los oficiales de guarnición, Manuel Azaña (1880-1940), entonces ministro de la Guerra, cree conveniente conceder la jubilación a todos los generales que la hayan solicitado.

Convencido así de haber depurado el Ejército, reduce las dieciséis capitanías generales del país a ocho divisiones militares, vuelve a instaurar el servicio militar de un año y procede al cierre de la Academia Militar de Zaragoza, privando así a Franco de su puesto de director. Este último rechaza la jubilación forzada, pero no participa en el golpe de Estado del general Sanjurjo el 10 de agosto de 1932, que se salda con un fracaso. Esta prudencia dará finalmente sus frutos: mientras que estaba decidido a terminar su carrera, Azaña considera que Franco es un elemento útil y lo nombra comandante de las Baleares en 1933. Aunque en esta época Franco todavía no ha protestado contra la República, aprovecha su reserva forzada para unirse a la Entente Internacional Anticomunista, que conoce desde 1929. Bajo una máscara de obediencia al régimen republicano, da un paso decisivo

---

2. Cita traducida por 50Minutos.es

en la estructuración de su odio visceral contra los agentes de Moscú, que según él son enemigos irreductibles de una España debilitada tanto en sus fronteras internas como en el plano internacional.

Franco frente a la insurrección de 1934

Cuando Alfonso XIII parte, se tambalea la coherencia del movimiento republicano, ya que no tiene ninguna alternativa política clara para proponerle a los españoles. Para esconder su falta de legitimidad, el Gobierno provisorio se organiza en Asamblea Constituyente y busca llevar al país, lo más rápido posible, hacia el camino de la laicización en detrimento de los valores de orden y de fidelidad a la Iglesia, compartidos bajo la monarquía. A partir de abril de 1931, la CNT anarquista y el pequeño núcleo de los militantes comunistas buscan instaurar un contrapoder sin compromiso con la derecha republicana, mientras que el cardinal Segura (1880-1957) llama a votar a los partidos conservadores, lo que provoca que la muchedumbre asesine a los curas y queme las iglesias. Esta violencia hace que la coalición de izquierdas pierda toda su credibilidad, hasta el punto de que Alcalá Zamora tiene que disolver las Cortes (asamblea política) el 9 de octubre de 1933.

Las elecciones legislativas que se celebran el 19 de noviembre dan la victoria a la CEDA (Confederación Española de Derechas Autónomas), reunida desde 1932 bajo la dirección de Gil-Robles (1898-1980). Esta alianza de pequeños partidos católicos se desarrolla rápidamente, tras el rechazo del programa republicano y la fascinación que el fascismo italiano ejerce en la juventud española. Algunos exaltados, reunidos en el seno de las Juventudes de Acción Popular (JAP), no dudan en exhibir su fuerza desfilando por las calles. Sin embargo, los partidarios del fascismo no los toman en serio y se afilian a las Juntas de Ofensiva Nacional-Sindicalista (JONS) o a la Falange, creada en 1930 por José Antonio Primo de Rivera (1903-1936), hijo del exdictador. De forma global, se trata de un bloque conservador basado en la ley de la mayoría parlamentaria y en la voluntad de anular las leyes anticlericales que entra en las Cortes con 110 escaños de 464, contra solamente los 8 de la Acción Republicana de Azaña. La izquierda se toma este éxito como una provocación. Durante la campaña electoral, Azaña llega incluso a declarar que «si un solo miembro del partido de la CEDA entra en las Cortes, [su]s hombres tomarán las calles»[3] (Suárez 1993). Esta negación a aceptar la victoria del adversario llevará directamente al país hacia la guerra civil.

Aunque queremos evaluar la posición de Franco ante la radicalización de la política española, de momento la historia transcurre sin él. En medio del alboroto de la izquierda que intenta que sus medidas se aprueben a golpe de huelgas y de la derecha que llama al escándalo, el Caudillo no da que hablar. Sin embargo, se cita a Franco para que testifique durante el proceso de los oficiales de la guarnición de Jaca, rompiendo su silencio para desvelar sus convicciones. Para él, el Ejército tiene que estar por encima del juego de alternancia de los partidos con el fin de preservar el orden y la vida de los ciudadanos.

---

3. Cita traducida por 50Minutos.es

Durante dos años, se mantiene al margen de la agitación y no adopta ningún compromiso con los partidos de derechas. Sin embargo, no acepta la orden de juramento de los militares al régimen impuesta por Azaña el 22 de abril de 1931 y, con mucha paciencia, crea lazos con el círculo de los hombres de finanzas, enemigos de la República, entre los que destaca el que tejerá con Joan March (1880-1962), cuyo apoyo resultará decisivo en el momento de su adhesión al golpe de Estado de 1936. No obstante, y contra todo pronóstico, la victoria de la CEDA en 1933 coloca a Franco bajo todos los focos: en efecto, durante una visita en las Baleares, el ministro de la Guerra Diego Hidalgo (1886-1961), que admira la disciplina del general, se reúne con él. Su rehabilitación responde a la necesidad del Gobierno de disponer del apoyo del Ejército para solventar la crisis social. Para tranquilizar a su equipo, Diego Hidalgo nombra a Franco como general de división y, en paralelo, indica su favor y apoyo a los generales Emilio Mola y José Sanjurjo: el ministro invita a Franco a las maniobras militares que organiza en León en septiembre de 1934, con segundas intenciones.

El 4 de octubre de 1934, la UGT, los comunistas y los regionalistas catalanes y vascos inician una huelga insurreccional para derrocar al equipo de Alejandro Lerroux (1864-1949) —ministro de Estado desde finales de septiembre— a causa de la disminución de los salarios y de la lucha del Gobierno contra la Generalidad de Cataluña (organización política autónoma de Cataluña), a la que llamarán Glorioso Movimiento. Aunque esta fracasa en Madrid y Barcelona, en Asturias se va convirtiendo en revolución, reivindicada por el Partido Comunista. Sin la aprobación del presidente

Zamora, Diego Hidalgo le pide a Franco que organice la represión. Como asesor militar de Diego Hidalgo, aconseja el ataque de Oviedo por tierra y mar, y sugiere que se envíen dos cuerpos de legionarios marroquíes dirigidos por su compañero de África, el coronel Juan Yagüe (1891-1952). En este punto, Franco revela su verdadero rostro: es un general dispuesto a hacer lo que sea para mantener el orden. En este crítico momento de la historia española, en el que el desmoronamiento de la legitimidad de los clanes clerical y laico parece que solamente puede desembocar en una guerra civil, el Caudillo se dibuja a ojos de la derecha como un líder verosímil para hacer caer la República.

EL GENERAL FRANCO ANTE UNA REPÚBLICA FRÁGIL

La victoria del Frente Popular (16 de febrero de 1936)

La represión de las huelgas de 1934 debilita la democracia impidiendo cualquier tipo de compromiso entre la coalición de izquierdas y la alianza formada por la CEDA de Gil-Robles. El presidente Zamora, que no es consciente de la fragilidad de su régimen, intenta salvar los muebles confiándole la misión de formar una coalición de centroizquierda al antiguo gobernador de Cataluña, Manuel Portela Valladares (1868-1952). Sin embargo, la oposición es demasiado fuerte. Con las Cortes apenas disueltas en vista de las elecciones del 16 de febrero de 1936, las coaliciones de izquierdas y de derechas se sumergen en una campaña electoral que canaliza las expectativas de sus simpatizantes fuera de las vías parlamentarias. El socialista Largo Caballero (1869-1946) preconiza la erradicación pura y simple de la clase de los propietarios mientras que, al otro lado del tablero político, Gil-Robles llama a los españoles a que le voten para salvar al país de la dictadura del proletariado. En este contexto, la constitución de un Frente Popular se impone como única alternativa para salvar la legitimidad de la República. El 15 de enero de 1936, los partidos republicanos y socialistas se reúnen para redactar un programa electoral centrado en la reforma agraria, el restablecimiento del Estatuto de Autonomía de Cataluña y la amnistía de los presos encarcelados tras la revuelta de octubre de 1934. Este programa coincide con la política de la Komintern (Internacional Comunista), que incita al Partido Comunista Español a aliarse con los republicanos no revolucionarios para combatir contra los fascistas y terminar la revolución democrática aislando a la clase media de los campesinos y de los obreros. En cuanto a Franco, le da igual la forma que tomará el Estado, ya que para él lo esencial es la capacidad del régimen para asegurar la estabilidad del país. Se le encarga que asista al entierro del rey Jorge V del Reino Unido (1865-1936) como representante de la República, y aprovecha la ocasión para poner a prueba la fidelidad de los agregados militares españoles en el extranjero. En el ferry que lo conduce hacia Francia, se encuentra con el comandante Barroso y le deja entender que en caso de levantamiento militar en España él jugaría un papel determinante para explicar su acción en París.

El día de las elecciones, las primeras estimaciones anuncian la reelección a las Cortes de la CEDA y de los partidos moderados, con una mayoría escasa. Sin embargo, pocas horas después, la situación cambia por completo: el Frente Popular obtiene mayoría absoluta, con 150 000 votos de preferencia y menos de un 2 % de diferencia con los votos emitidos. Las calles de Madrid se llenan de multitudes de personas congregadas ante las oficinas de los sindicatos y de los partidos de izquierdas, las banderas rojas cuelgan de las ventanas y en los barrios humildes resuena la *Internacional*. Azaña vuelve a investir las Cortes y concede la amnistía a los insurrectos de 1934, olvidando que ha ganado por un margen muy ajustado.

Algunos monárquicos reunidos alrededor de la figura de Gil-Robles hablan de golpe de Estado, asustados ante la imagen de las muchedumbres que se precipitan hacia las cárceles. Para Franco, la situación no es ideal para que se produzca un golpe de Estado militar, pero no puede dejar que el Frente Popular tome las riendas del país. El día después del escrutinio, va al encuentro de Manuel Portela Valladares y lo incita a reaccionar con firmeza para que el país no caiga en manos de los comunistas. Para quedar bien, también le pide al director de la Guardia Civil, el general Sebastián Pozas (1876-1946), que respete la decisión expresada en las urnas. No obstante, Franco choca contra una pared: apenas Portela Valladares acepta instaurar el estado de emergencia, le pasa el testigo a Manuel Azaña, y Sebastián Pozas considera que la multitud solamente está manifestando su alegría. Esto le causa una gran sorpresa a Franco que, sin embargo, decidirá ser fiel a la República mientras espera que la situación se calme.

Un asesinato que enciende la mecha

Aunque Franco se declara leal hacia la República, su posición a la cabeza del Estado Mayor lo convierte en un peligro para el régimen. Indalecio Prieto (jefe del partido socialista, 1883-1962) pronuncia un discurso el 1 de mayo de 1936, en el que advierte al Gobierno sobre ese general que podría llevar a cabo un golpe de Estado. Azaña se asusta y decide destinar a Franco a Canarias y asignar a los generales Manuel Goded (1882-1936) y Emilio Mola los puestos de las Baleares y de Pamplona. Sin embargo, será un gran error: al alejarlos, el Frente Popular les está brindando la posibilidad de organizar un complot. Además, a Franco le vendrá bien que lo destinen a Canarias: allí, entrará en contacto con los legionarios marroquíes, para movilizarlos en caso de levantamiento.

Mientras tanto, el presidente Zamora es destituido. Al desertar las Cortes, algunos grupos civiles —entre los cuales está la Falange fascista de José Antonio Primo de Rivera, los requetés (militares carlistas que defienden el orden tradicional) y las organizaciones marxistas— entran en contacto con los militares para obtener su apoyo o su neutralidad. Sin embargo, la lealtad del Ejército solamente depende de un grupo reducido de generales que no se ponen de acuerdo sobre la dirección que hay que seguir. No se pueden examinar las posturas de Franco hasta su adhesión *in extremis* al golpe de Estado del 18 de julio de 1936 sin tener en cuenta este contexto. Desde el 16 de febrero, no cree en el éxito de un pronunciamiento, pero sigue en contacto con los conspiradores. Asimismo, cuando el 8 de marzo el general Mola toma la dirección de las operaciones y reúne en Madrid a algunos generales para concluir su plan de acción, Franco participa en el encuentro antes de ir a Canarias. El objetivo que se fija consiste en tomar el control del Estado en 15 días y, para lograrlo, la colaboración de Franco es indispensable. Sin embargo, este considera que la situación no es la idónea y se niega a participar, exasperando a los demás generales, que lo apodarán Miss Canarias 1936.

El 13 de julio, la situación evoluciona: un comando falangista asesina en Madrid al teniente José del Castillo, instructor de las milicias comunistas, como represalia por el asesinato de un estudiante. A continuación, dos brigadas de seguridad de la República emprenden la búsqueda de Gil-Robles y de José Calvo Sotelo (político monárquico español, 1893-1936). Aunque no encuentran al primero, logran dar con el segundo: lo asesinan en su domicilio y tiran su cuerpo en un descampado. La noticia del atentado termina convenciendo a los últimos indecisos como Franco, que comprende que ya no puede esperar más: el golpe de Estado tiene que llevarse a cabo cuanto antes.

EL HOMBRE DEL GOLPE DE ESTADO (JULIO-SEPTIEMBRE DE 1936)

El alzamiento de los generales (17-20 de julio de 1936)

En julio de 1936, Mola confía la dirección del golpe de Estado a José Sanjurjo, pero el éxito de la empresa depende de Franco. El 17 de julio, el general recibe la orden de ir a Tetuán para encabezar a los 40 000 hombres de la legión y alcanzar la península a través de Ceuta y luego mediante la cabeza de puente de Sevilla, asegurada previamente por Queipo de Llano (1875-1951). El objetivo es llevar a cabo un ataque rápido para sustituir el Frente Popular por una dictadura republicana. Sin embargo, el 20 de julio Sanjurjo fallece en un accidente de avión y esto desestabiliza a los generales, incapaces de tomar el control de sus provincias para establecer un modelo institucional que apoye sus acciones. En ese momento, la dirección de las operaciones cae en manos de Franco.

Ante los primeros rumores de levantamiento, varios sindicatos como el PSOE y las principales organizaciones del movimiento obrero (CNT y UGT) movilizan a milicias populares y reclaman armas al Gobierno, como Franco temía: mientras que los golpistas, a los que se suman únicamente 4 de los 21 generales de división, se apoderan de Castilla la Vieja, Navarra, el sur de Andalucía y una parte de Aragón que incluye Zaragoza, no logran imponerse ante la violencia sindical en las zonas industriales de Cataluña y Asturias, al tiempo que el poder republicano logra mantenerse en Madrid, Barcelona, Valencia y en dos tercios de las provincias españolas, gracias a la lealtad de la Marina, de la Guardia Civil y de una mayoría de oficiales superiores. Asimismo, la noche del 20 de julio, en el cuartel de la Montana de Madrid, los obreros de la CNT y de la UGT rodean la columna del general Joaquín Fanjul (1880-1936), encargada de tomar la ciudad, mientras Dolores Ibárruri (política española, 1895-1989), apodada La Pasionaria, lanza un llamamiento a la resistencia a través de la radio, con su célebre «¡No pasarán!».

Refuerzos del extranjero

En Marruecos, el ejército colonial está paralizado como consecuencia del bloqueo impuesto por la flota española. Para solucionar el problema, Franco utiliza sus contactos y, el 22 de julio, le pide al coronel Beigbeder, un agregado alemán en España, que solicite a Hitler (1889-1945) el envío de aparatos de transporte de tropas y de tripulaciones alemanas. Gracias a este material, Franco podría transportar a sus soldados por avión hacia el otro lado del estrecho y romper el bloqueo mediante el envío de un convoy marítimo. Aunque en un principio Hitler considera que la instauración de un Estado militar en España sería un obstáculo para sus intereses sobre las posesiones británicas, acaba entendiendo que una alianza con el futuro Caudillo podría ser provechosa para los nazis, sobre todo para establecer bases militares en el Mediterráneo. Por este motivo, el 25 de julio le ordena a Göring (mariscal del Reich y político alemán, 1893-1946) y al general Von Blomberg (1878-1946) que le envíen a Franco 20 aviones Junker 52, 6 cazabombarderos Heinkel 51 y 20 cañones de DCA (Defensa Contra las Aeronaves) a cambio de un pago con mineral de hierro y de cobre. El 1 de agosto, la primera entrega de armas llega al Marruecos español, y los canales de suministro de los nacionales se aseguran vía Portugal. Mussolini (1883-1945), por su parte, ve en la guerra de España una oportunidad para hacer propaganda de alcance internacional. Con la esperanza de extender su influencia en el Mediterráneo, el Duce sigue el ejemplo de su aliado alemán y entrega armas al bando nacional.

Primeras operaciones militares (agosto de 1936)

El 5 de agosto Franco cruza el estrecho de Gibraltar gracias a un puente aéreo. A continuación, transporta a sus tropas hacia el sur de España y hace avanzar a sus contingentes africanos hacia Madrid, a toda velocidad. Por el camino, las milicias republicanas improvisadas luchan con todas sus fuerzas pero, ante el avance de los moros de Franco, salen huyendo. El terror que despierta la crueldad de estos hombres, junto con la eficacia de los regulares en campo abierto, explican el rápido éxito de Franco a la hora de asegurar que sus tropas se junten con el ejército del general Mola en el norte.

La represión durante el verano de 1936

El comienzo del levantamiento militar sume a España en una violencia que no solo se manifiesta en los campos de batalla. La represión es palpable tanto en el bando nacionalista como en el republicano, y sus objetivos son comunidades destrozadas por tensiones políticas, religiosas o ideológicas. En los primeros días de la rebelión, la respuesta obrera de los suburbios de Sevilla para impedir que los militares tomen el control de la ciudad se salda con un balance desastroso: el general Queipo de Llano reivindicará, por lo menos, 9000 muertos. Esta masacre da comienzo a la movilización popular en la zona republicana. A partir del 13 de agosto, se instauran comités populares para hacer listas de sospechosos según sus antecedentes sociopolíticos y, muy a menudo, tras algunas denuncias.

Bajo el mando del teniente coronel Juan Yagüe, en tan solo una semana las columnas de moros recorren cerca de 200 kilómetros, desde la provincia de Sevilla hasta Extremadura. La decisión de Franco de mandar a sus tropas hacia Badajoz, a 60 kilómetros más allá de la ruta de Madrid, pone en evidencia su obsesión de limpiar el territorio de los marxistas. El 14 de agosto, con su aprobación, las tropas moras rodean Badajoz y avanzan hacia el interior de los pueblos de alrededor, exigiendo que los civiles mantengan las puertas y las ventanas abiertas y muestren una bandera blanca, y asesinando sin contemplaciones a todos aquellos que encuentran empuñando un arma. A continuación, reúnen a los habitantes de los pueblos en las plazas de toros y los fusilan si intentan frenar el avance de los nacionales. Así, cuando las tropas de Franco ya han causado 2000 víctimas mortales, en Badajoz se revela por primera vez la crueldad de Franco. Aunque la toma de Madrid es el objetivo primordial de la guerra, el futuro Caudillo desea motivar el esfuerzo del Ejército y organizar represalias adecuadas a los asesinatos perpetrados por los anarquistas contra los militares y los falangistas. En el momento en el que las columnas de Yagüe y el ejército de Emilio Mola se disponen a entrar en la capital, Franco prioriza los ajustes de cuentas, arriesgándose a que los madrileños tengan tiempo para organizar la resistencia.

Cuando se juntan las dos alas del ejército nacional del sur y del norte y se instala el Estado Mayor de Franco en la ciudad de Cáceres, el 26 de agosto, ya nadie duda de que España está inmersa en una guerra civil y de que hay que utilizar una propaganda eficaz para movilizar a la ayuda internacional. Sin embargo, en esta batalla comunicativa, los nacionales salen perdiendo. Aunque van ganando terreno, los republicanos gozan del beneplácito de la opinión internacional, ya que la masacre de Badajoz ha aterrorizado a las democracias occidentales. El Gobierno nacional contrarresta estas acusaciones con el apoyo militar que le brindan Hitler y Mussolini y está convencido de que obtendrá la victoria rápidamente, por lo que programa la toma de Madrid para el 12 de octubre.

En paralelo, Franco se prepara para asestar un gran golpe para consolidar su reputación de hombre providencial entre los miembros de la Falange y de los grupos paramilitares del ejército nacional. Desde el alzamiento del 18 de julio, Toledo se ve sumida en enfrentamientos entre los partidarios del golpe de Estado y los defensores de la República. Para calmar la situación, el Gobierno de Madrid envía a guardias de asalto y a milicianos al lugar. Tras algunos días de combates en las calles, los alumnos oficiales de la escuela militar se refugian en el Alcázar con su familia, junto con el coronel José Moscardó (1878-1956), que toma el mando del lugar. El destino de los alumnos de su antigua escuela, asediada desde hace casi dos meses, permitirá que el futuro Caudillo se distinga. El 21 de septiembre, aunque debe marchar sobre Madrid, desvía a sus columnas hacia Toledo y se apresura a socorrer a los cadetes del Alcázar, levantando el asedio seis días después. Aunque se ignoran en gran medida las motivaciones reales del general, la liberación de Toledo contribuye a crear un imaginario nacional que se exportará hacia Europa y América Latina, al tiempo que logrará satisfacer el fervor antirrepublicano de la Iglesia española y de las organizaciones civiles que apoyan a la Junta Nacional.

Foto tomada durante el asedio del Alcázar en 1936.

FRANCO, JEFE DEL ESTADO NACIONAL (SEPTIEMBRE DE 1936-MARZO DE 1937)

¿Generalísimo y jefe de Estado durante la guerra?

Los acontecimientos no permiten que los sublevados tengan tiempo de elaborar una constitución. El 26 de julio, una

junta de defensa establecida en Burgos asume la dirección del bando nacional. Sin embargo, los generales deben responder a las presiones de la jerarquía eclesiástica, de la Falange, de los carlistas y de otras formaciones nacionales que reclaman que se designe a un líder carismático que restaure la grandeza de España y que represente los intereses nacionales ante los países extranjeros. El 21 de septiembre de 1936, el general Alfredo Kindelán (1879-1962) propone nombrar a Franco comandante único durante una reunión de la junta de Salamanca, al mismo tiempo que en Cáceres Yagüe y Astray explotan el éxito del asedio de Toledo para hacer que se aclame al futuro Caudillo como Generalísimo y jefe del Estado del futuro. Kindelán propone entonces un decreto que prevé investirlo con sus poderes durante la guerra. No obstante, esto vuelve a causar oposición en el seno del directorio nacional. Al día siguiente, el general Mola le da su apoyo a Franco, argumentando que «no v[e] otra solución si qu[iere] ganarse la guerra» (Bennassar 1996, 107). Entonces, Franco le pide al redactor del decreto que no mencione el carácter provisional de sus nuevas funciones.

El 1 de octubre se inviste a Franco con todos los poderes en Burgos y, para coronar su triunfo, el obispo de Salamanca convierte el Movimiento Nacional en una cruzada. Franco saca partido de sus contactos y de la prensa y, en pocos meses, consigue alcanzar el rango de Caudillo y de Generalísimo con el beneplácito del Ejército, de la Iglesia y de los ideales conservadores de la Falange, así como de los requetés carlistas y de los principales sindicatos civiles que están en la base del Movimiento Nacional.

El giro del asedio de Madrid (octubre de 1936-marzo de 1937)

Los nacionales juegan con ventaja hasta septiembre de 1936, gracias a las iniciativas de Franco y a la desorganización de los republicanos. Sin embargo, el conflicto se internacionaliza en octubre y, aunque la Alemania nazi y la Italia fascista apoyan al bando nacional, la mayor parte de las democracias europeas dejan de lado sus declaraciones de no intervención y animan a sus ciudadanos a alistarse como voluntarios en las Brigadas Internacionales para ayudar al Gobierno del Frente Popular asediado en Madrid. Además, la URSS consigue desembarcar en Cartagena tanques y armas para reforzar el frente madrileño. En ese momento, el Caudillo tiene que adaptar su estrategia: la guerra de movimientos rápidos, apoyada por el Ejército de África, deja lugar a un esfuerzo más lento en el que los objetivos principales acaban siendo la conquista progresiva del territorio español, la destrucción sistemática de los enemigos de izquierdas y la aniquilación de los rivales de derechas.

El 7 de octubre, mientras el ejército nacional reanuda su marcha hacia la capital, Franco se reúne con Mola para hablar de la estrategia que hay que seguir. Puesto que Madrid está rodeada por la parte occidental, de norte a sur, la idea sería que el ala principal del Ejército redujera las defensas de la ciudad en el oeste, al tiempo que el Ejército de África, dirigido por el general José Varela (1891-1951), realizaría un asalto frontal a través de los barrios noroccidentales. A continuación, la Legión Cóndor (fuerza aérea formada por voluntarios alemanes) y la aviación italiana destruirían las defensas externas, lo que minaría la moral de los civiles.

Sin embargo, Franco no desea poner punto final a la guerra apoderándose de Madrid demasiado rápido. Entonces, confía las operaciones a Varela y se ausenta del frente madrileño, con la idea de aumentar sus fuerzas privilegiando una progresión de las tropas por el noroeste, para liberar Oviedo. Mola está preocupado por la falta de efectivos en vista de un ataque frontal pero Franco le tranquiliza con la garantía de la experiencia de Varela, que «siempre ha tenido mucha suerte» (Vaca de Osma 1991, 233). Varela, en efecto, necesitará mucha suerte: una ofensiva frontal sobre Madrid, por el oeste, equivale a un suicidio a causa de las defensas naturales que proporciona el río Manzanares. Además, estos legionarios no tienen ningún tipo de experiencia en combates de calle en una ciudad en la que el territorio se conquista casa por casa. Aunque el fracaso es previsible, no hay marcha atrás, sobre todo porque el rumor de una toma rápida de Madrid ya ha circulado entre las filas de los nacionales.

El 22 de noviembre se lanza la ofensiva sobre la capital pero sus habitantes, junto con el apoyo de las primeras Brigadas Internacionales, logran frenarla. Al día siguiente, Franco deja Salamanca y se dirige hacia Leganés (cerca de Madrid), donde ordena a sus oficiales que abandonen el ataque frontal. En vista de la incapacidad de los republicanos para organizar la contraofensiva, ya nada se opone a los deseos del Generalísimo de ver alargarse la guerra. A finales de noviembre de 1936, para compensar su inexperiencia en un conflicto que requiere maniobras complejas, Franco opta por una estrategia de asedio indirecto de la capital utilizando como vía de ataque la ruta de la Coruña en el noroeste. El 15 de enero de 1937, mientras el frente se estabiliza, perecen cerca de 15 000 legionarios en los ataques a los pueblos de la región que tienen el objetivo de alcanzar Madrid. Franco, que es consciente de sus límites, centra sus esfuerzos en su aliado fascista, que aprovecha la ocasión para imponer la independencia de los cuerpos voluntarios italianos bajo el mando de Mario Roatta (1887-1968), encargado de espiar a Franco por cuenta de los servicios secretos fascistas. Roatta le concede el monopolio de la victoria al Duce y el Caudillo acepta, tras lo que Franco y Mussolini llevarán a cabo un ataque contra Málaga para continuar la ofensiva hacia el sureste con el objetivo de conquistar Valencia, donde se encuentra refugiada la coalición gubernamental republicana desde el 7 de noviembre de 1936.

El 6 de febrero de 1937, Franco aprovecha el ataque de los italianos en el sur y la disponibilidad de la Legión Cóndor para lanzar una importante ofensiva a través del valle del Jarama, al sur de Madrid, con el objetivo de cortar la ruta que lo une con Valencia. Convencido de su victoria, utiliza su fuerza en la batalla pero, cuando se presenta la oportunidad de utilizar al ejército italiano para asediar Madrid, se niega a hacerlo, ya que prefiere que las fuerzas fascistas participen en una batalla de distracción hacia Guadalajara con el objetivo de aliviar la presión republicana en sus tropas. Sin embargo, Roatta rechaza desplazar a sus hombres hacia un frente secundario ya que eso podría apartarlo de la ofensiva principal.

El 1 de marzo de 1937, el Caudillo acepta el plan de campaña de Faldella (1897-1975) que consiste en complementar el asedio de Madrid con una maniobra italiana en el noreste, desde Sigüenza hasta Guadalajara, combinada con un ataque nacional procedente del sur, desde Jarama hasta Alcalá de Henares. Una semana después, las tropas italianas quedan atrapadas en la trampa: mientras los hombres del general Amerigo Coppi realizan la maniobra rompiendo las defensas republicanas, las tropas franquistas se quedan en Jarama, lo que permite que los republicanos desplieguen refuerzos en el norte de Guadalajara, mientras que los italianos resisten a duras penas el frío del invierno. El 18 de marzo, cuando Roatta le pide refuerzos a Franco, el Caudillo se regocija: el italiano habría tenido que escucharlo y repartir con paciencia a las fuerzas en varios frentes para agotar al adversario y para posicionarse con el fin de conquistar el territorio republicano. Ahora que los aliados fascistas han sufrido este revés y que la República se adentra en una guerra de desgaste, Franco puede consolidar su poder.

La unificación del Movimiento Nacional (marzo-abril de 1937)

Franco no se contenta con eliminar a sus adversarios de izquierdas, sino que también desea unificar los distintos grupos dentro del Movimiento Nacional en una coalición reaccionaria y aprovecharse para sustituir la autoridad de la República por la suya. Sin embargo, carece de tiempo y de experiencia para dominar a grupos tan incontrolables como la Falange.

A partir de febrero de 1937, además de disponer de la eficacia del Estado Mayor, se beneficia del apoyo de su cuñado Ramón Serrano Suñer (1901-2003), en quien confía por completo y a quien coloca en el primer plano para que decida la orientación política del régimen. Suñer, cercano a José Antonio Primo de Rivera, simpatiza con la Falange y le propone a su cuñado que el partido sea el eje del Movimiento. Aunque los falangistas aspiran a sacrificarse por la idea que Franco tiene de España y eso les convierte en un posible respaldo para la dictadura, el apoyo popular con el que cuentan desde la instauración del Frente Popular en 1936 y su participación a los combates de calle hace que sean imprevisibles. Franco, además, no contempla la posibilidad de aceptar la disidencia de grupos particulares en sus filas, y le encarga a Suñer que elabore un decreto de unificación (19 de abril de 1937) que prevé que la Falange se integre en una junta de ofensiva al lado de los sindicatos corporativos de la JONS o de los monárquicos alfonsistas (partidarios de Alfonso XIII).

Manuel Hedilla (1902-1970), al que acaban de elegir a la cabeza del partido fascista, se escandaliza ante la idea de someterse a la ley de Franco y rechaza abandonar su mandato, tal como el decreto le impone. El episodio se acaba con el arresto de Hedilla y con el fin de las aspiraciones de independencia de los falangistas. Gracias a la habilidad de sus colaboradores cercanos, Franco consigue dotar a su bando de un ejecutivo llamado FET (Falange Española Tradicionalista), en el que la Falange desempeña el papel de partido de masas, y proporciona al régimen franquista una retórica conservadora extremista, respaldada por el Ejército y la Iglesia. Con la desaparición de Mola en mayo de 1937, el azar de la historia consolida a Franco en su posición de líder.

FRANCO, JEFE DE GUERRA (ABRIL DE 1937-FEBRERO DE 1938)

Las ofensivas en el norte (abril-octubre de 1937)

Tras haber contrarrestado las disidencias, Franco puede concentrarse en las maniobras militares. Sin embargo, a partir de abril de 1937, el fracaso de las ofensivas ante Madrid debilita su alianza con Hitler: el dictador alemán presiona a su aliado español para que concentre sus esfuerzos en la costa Cantábrica, ya que le interesa aislar la costa norte de España para asegurarse el control de la producción minera de la región, al tiempo que desvía la opinión internacional de sus aspiraciones de guerra en Europa central. En cuanto a Franco, la liquidación rápida de un frente secundario le permitiría disponer de más tropas en vista de la ofensiva final, y un ataque aéreo conducido por los alemanes suscitaría el terror que él mismo busca instaurar. Por eso, obedece rápidamente al general Hugo Sperrle (comandante de la Legión Cóndor, 1885-1953), y la mañana del 26 de abril la legión nazi bombardea el pequeño pueblo de Guernica. La opinión internacional queda conmocionada y asimila la estrategia militar del Caudillo con las ideologías totalitarias de sus aliados fascistas.

Franco logra conservar su independencia en sus objetivos de campaña ya que, en el terreno, la comunicación entre los alemanes y su Estado Mayor es mala. Así, el Caudillo aprovecha el ataque alemán sobre Guernica para debilitar la ofensiva en el País Vasco y mantiene a sus hombres en el frente de Madrid, con lo que dispone de los refuerzos necesarios para ejercer presión en la zona central y aniquilar los contraataques de los republicanos en Brunete el 6 de julio y en Belchite en agosto, que solamente lograrán retrasar un poco la conquista del norte a manos de los franquistas: Santoña y Santander caen el 24 de agosto, y Gijón y Avilés, el 21 de octubre.

Ruinas de Guernica, 1937.

Humillación en Teruel (15 de diciembre de 1937-8 de enero de 1938)

Franco, dueño de las riquezas industriales del norte, puede intensificar sus medidas e intentar cortar las comunicaciones entre Madrid y Valencia por un lado, y entre la capital y Cataluña por otro. Sin embargo, los republicanos planean recuperar la iniciativa, e Indalecio Prieto, ministro de la Guerra de Juan Negrín (1892-1956), aboga por una victoria espectacular para demostrar la eficacia del ejército gubernamental al bando franquista: con este objetivo, inicia el ataque en Teruel. La ciudad, en manos de los rebeldes desde 1936, dificulta las comunicaciones entre Cataluña y el resto de la zona gubernamental en el sureste. Así pues, a los republicanos les conviene restablecer la vía directa entre los dos centros de resistencia e infligir una derrota a Franco, apoderándose del lugar que garantiza su superioridad militar en el frente aragonés.

A principios de diciembre de 1937, el ejército republicano despliega sus hombres en el sur de la ciudad y a lo largo de la localidad de Alfambra. El día 13, el Estado Mayor republicano se dispone a introducir a 100 000 hombres en la batalla. El plan consiste en rodear la ciudad mediante seis divisiones, apoyadas por dos más que se situarán en la retaguardia para frenar el contraataque de los nacionales. No obstante, la operación tiene que aplazarse dos días por culpa de las malas condiciones meteorológicas. Entonces, bajo un frío intenso, 40 000 hombres comienzan su avance para rodear Teruel por el oeste y privarla de refuerzos. El día 18, los republicanos se posicionan en la cresta de la Muela en el oeste y, dos días después, las 35 divisiones de milicianos se juntan con el 18.º Cuerpo de Ejército del general Enrique Heredia. Al mismo tiempo, en Teruel, el jefe de guarnición Domingo Rey d'Harcourt (1883-1939) concentra sus fuerzas para defender los barrios del sur.

Entrada de las tropas republicanas en Teruel, 1937-1938.

Aunque Franco está informado del avance de los republicanos, en ningún momento accede a desguarnecer las tropas concentradas en el valle de Jalón en vista de una nueva ofensiva en el sector de Guadalajara. Este arrebato de orgullo sella el destino de las tropas nacionales asediadas en Teruel, por lo menos de forma temporal. La aviación de los nacionales no puede servirles de apoyo ante el avance republicano, ya que permanece inmovilizada en el suelo de los aeródromos castellanos a causa del frío. El general nacional Antonio Aranda Mata (1888-1979) llega el 19 de diciembre por Guadalajara y es incapaz de romper el cerco de la ciudad. En ese momento se desata una lucha violenta, sobre todo en la zona sur, donde se han atrincherado los nacionales (en el Banco de España, el convento de Santa Clara o incluso en el cuartel militar instalado en el hotel Aragón). El 22 de diciembre, los tanques del ejército republicano ocupan la plaza del Torico, en la que también se encuentran Robert Capa (1913-1954) y Ernest Hemingway (1899-1961), reporteros del *New York Times* cuya presencia hace que Franco se preocupe por las consecuencias que la derrota tendría en el plano internacional. Por eso, al día siguiente, renuncia a su ofensiva en Madrid y concentra sus esfuerzos en Teruel. Sin embargo, la meteorología no estará a su favor e impedirá que los refuerzos lleguen antes de finales de mes.

El 1 de enero de 1938, las fuerzas se equilibran: las pérdidas del ejército republicano son elevadas y el frío afecta la resistencia de los asediadores mientras que, en el cielo, cada vez hay más cazas nacionales. Sin embargo, los tanques republicanos siguen ocupando la ciudad y Dominique Ray d'Harcourt comprende que no conseguirá romper el asedio. Ese mismo día, mueren los hombres que defendían el convento de Santa Clara. Dos días después, cae el cuartel militar y, el 8 de enero, el coronel y el obispo de Teruel entregan las llaves de la ciudad a los republicanos. La humillación que sufre Franco es tan fuerte como su cólera: percibe la rendición de Teruel como una traición de Ray d'Harcourt. Asimismo, la derrota de los nacionales permitirá que el general del Estado Mayor republicano llegue a Madrid para intentar dividir la zona nacional en dos, favoreciendo una ofensiva en Extremadura.

Se impone una tendencia

La pérdida de Teruel le demuestra a Franco que los republicanos son capaces de presentar resistencia. A principios de

1938, existe un gran riesgo de que las milicias populares se conviertan en un ejército comunista, por lo que se impone la reorganización de los dirigentes del Estado y del Ejército. Sin embargo, el Decreto de Unificación no es muy explícito en cuanto a la estructura del Movimiento y el papel de la Falange como principal partido nacional. Aunque el número de afiliados a la Falange aumenta de manera considerable a partir de abril de 1937, la mayor parte de ellos solamente se afilian por puro formulismo, conservando su independencia y asociándose a corrientes de opinión libre, algo que, para Franco, resulta una amenaza para la cohesión del Estado. El Caudillo cree conveniente sumarlos a la FET, aunque sea a la fuerza y, para lograrlo, el Estado Mayor nacional utiliza el cine y la radio para asegurar la cobertura mediática de su jefe: así, las pantallas enseñan imágenes del Caudillo y en la calle la gente demuestra su fidelidad mediante el saludo fascista. Todos los que no quieren que les etiqueten como neutrales se afilian en masa. Sin embargo, la Falange se niega a ser absorbida por el Movimiento Nacional. Entonces Suñer, de forma prudente, empieza a introducir a los veteranos del partido de José Antonio Primo de Rivera. No obstante, carece de un programa ideológico claro, por lo que sus primeras órdenes tienen el objetivo de confiarle a la Falange la gestión del servicio social y de la ayuda a los heridos. A continuación, entra en contacto con Dionisio Ridruejo (1912-1975), un joven líder provincial de la Falange en Valladolid que garantiza el respeto de su partido frente a la nueva jerarquía. El 4 de agosto de 1937, se publican los nuevos estatutos del partido único que, aunque respetan la estructura tradicional de la Falange, diluyen su influencia política en el seno de un Estado organizado como sindicato único. Así, los fascistas, repartidos entre 12 sectores clave de la actividad gubernamental, pueden velar por el control de los dirigentes políticos sin tomar demasiadas iniciativas. Mientras espera la transformación de España en un estado totalitario, Franco ya puede contar con una estructura flexible y con la retórica agresiva de la Falange para intimidar a todo aquel que se atreva a promover el marxismo y el capitalismo en perjuicio de la unidad del país.

Ahora solo queda guarnecer de nuevo a los efectivos del Ejército que han sufrido batallas como las de Madrid y Teruel. En las regiones a manos de los nacionales, se organizan campañas de reclutamiento obligatorio y, mientras el Partido Comunista forma unidades militares al servicio de la República, españoles y extranjeros se entusiasman ante la idea de formar parte de las filas franquistas. En una Europa en plena efervescencia Franco contará, en especial, con miles de voluntarios portugueses y franceses —procedentes de la derecha— dispuestos a luchar contra el comunismo en un momento en el que los valores católicos y monárquicos se cuestionan. Este volumen de hombres solventará la falta de dirigentes superiores en el bando franquista, ya que una gran mayoría se mantuvieron fieles a los republicanos. Siguiendo los consejos que Mola dio en agosto de 1936, instaura formaciones en academias temporales, así como un sistema de promoción rápida de los voluntarios al rango de subtenientes (alféreces) en los cuerpos de artillería e infantería. Esta renovación permite lanzar la contraofensiva que se termina con la penetración en las filas republicanas de Alfambra y la reconquista de Teruel, el 22 de febrero de 1938.

HACIA LA VICTORIA FINAL (FEBRERO DE 1938-ABRIL DE 1939)

Un primer gobierno de pleno derecho (1 de febrero-julio de 1938)

Durante la primavera de 1938, la penetración de los nacionales entre Barcelona y Valencia confirma la capacidad de Franco para aprovechar la ayuda militar de los fascistas. Esta toma de ventaja de los franquistas trae consecuencias inesperadas. Mientras se producen los enfrentamientos entre ambos bandos, los habitantes de las zonas que están bajo el control del bando nacional —salvo el País Vasco, al que se trata como un enemigo— viven con relativa tranquilidad, algo que resulta sorprendente: la asistencia alimentaria llega en abundancia a través de Portugal y la euforia de los desfiles militares se apodera de los ánimos de la gente. Para Ramón Suñer, el escenario es perfecto para organizar la transición hacia un Estado de derecho. A partir del 31 de enero de 1938, la junta militar deja paso a un Gobierno con once ministerios repartidos entre cuatro militares, tres falangistas, dos monárquicos, un tradicionalista y un técnico.

El impacto que tienen las represalias de los republicanos contra el clero, llevadas a cabo a partir de 1931, implica que el Estado nacionalista se erija como garante de una política clerical. Desde el primer día, se adoptan medidas para confirmar la influencia de la Iglesia católica, entre las que destacan la instauración de una educación religiosa obligatoria y la supresión del matrimonio civil y del divorcio. Además, a partir de 1937, la represión se institucionaliza a través del establecimiento de tribunales militares, controlados por el cuartel general del Caudillo, que no duda en privilegiar las formas de ejecución más brutales. Aunque Suñer intenta que su cuñado entre en razón para que respete el procedimiento, Franco no cambia de opinión y quiere conservar el monopolio de la justicia entre sus manos.

Última ofensiva en el Ebro (25 de julio-16 de noviembre de 1938)

Las duras pruebas de 1937 debilitan al bando republicano y, tras la pérdida de Teruel, la presión que los nacionales ejercen en Valencia y el Levante mediterráneo les obliga a replegarse detrás del Ebro: la victoria de los nacionales ya solo es cuestión de tiempo. En ese momento, el general Vicente Rojo (1894-1966) decide jugárselo todo organizando una ofensiva contra las tropas franquistas, instaladas en la riba derecha del río, con el objetivo de obligar a Franco a liberar su presión sobre Valencia y de demostrar a los Gobiernos democráticos que el resultado de la Guerra Civil puede volverse a favor de la República.

La ofensiva empieza el 25 de julio de 1938, cuando el coronel Juan Modesto (1906-1969) ordena a sus tropas que crucen el Ebro. En pocos días, se apodera de la sierra de La Fatarella. Sin embargo, el fin de la Guerra Civil se precipita ante la reticencia de las democracias occidentales a respaldar a los republicanos. Negrín decide retirar a las Brigadas Internacionales de los combates, con la esperanza de que las potencias extranjeras cambien de opinión y decidan intervenir. Por su parte, Franco manda de vuelta a sus países a los soldados italianos y alemanes que han combatido a su lado, aunque este gesto es puramente formal ya que, sobre el terreno, el Duce y el Führer siguen proporcionándole material esencial para la toma de Cataluña.

A partir del otoño de 1938, los acontecimientos se vuelven a favor de los franquistas: el 2 de octubre, las divisiones de Navarra ocupan las cumbres de la sierra de Lavall de la Torre y, a finales de mes, Franco toma el control de la llanura de La Fatarella. La derrota de los republicanos está sentenciada, y ya solamente pueden retirar sus tropas detrás del Ebro (16 de noviembre de 1938).

Una paz bajo las condiciones de Franco (febrero-abril de 1939)

En febrero de 1939, el ataque nacional sobre Cataluña excluye cualquier posibilidad de victoria republicana. En el plano internacional, Francia y Gran Bretaña reconocen oficialmente el Gobierno de Franco. Azaña y su jefe de gobierno Negrín, desautorizados, se ven obligados a dimitir.

A pesar de que a última hora los comunistas oponen resistencia, el general Segismundo Casado (1893-1968), entonces jefe del Ejército Republicano del Centro, decide organizar un golpe de Estado y, a partir de marzo de 1939, emprende las negociaciones de rendición de la capital con el Caudillo, con la esperanza de que sea clemente con los vencidos. Mientras miles de republicanos inician el camino hacia el exilio, Franco se niega a negociar y, además, endurece la represión contra los marxistas, los insurgentes de 1934 y los opositores al Glorioso Movimiento de 1936.

El 1 de abril de 1939, Franco desfila en Madrid al lado de sus aliados fascistas y anuncia a la multitud el éxito de todos los objetivos de guerra de los nacionales, mientras empieza un largo periodo de penitencia para la otra España, la de los vencidos.

MOMENTOS CLAVE DE UNA DICTADURA (1939-1975)

FRANCO, EL GRAN INQUISIDOR (1939-1943)

La desdicha de los vencidos

Para los españoles, la Guerra Civil no acaba el 1 de abril de 1939, ya que Franco persigue a los vencidos sin piedad. En virtud de la Ley de Responsabilidades Políticas de 9 de febrero de 1939, el simple hecho de haber apoyado a la República puede comportar la pena de muerte. A partir de mayo, se crean tribunales militares en las grandes ciudades para perseguir aquellos a los que Franco llama los adversarios marxistas.

En marzo de 1939, el estilo de la represión se dibuja con el proceso contra Julián Besteiro (1870-1940), militante socialista de 68 años y principal artífice de la rendición pacífica de Madrid. El día 29 de ese mes, Besteiro es detenido y llevado ante un tribunal militar, bajo el pretexto de haber servido a la francmasonería. El procurador Felipe Acedo Colunga (1896-1965), aunque está convencido de la integridad de Besteiro, no duda en pedir pena de muerte para el acusado. Aunque finalmente será condenado a 30 años de cárcel, en vista de su avanzada edad, el veredicto es como una cadena perpetua. El 27 de septiembre de 1940, fallece en la cárcel andaluza de Carmona, víctima de su detención.

También acabarán en la cárcel miles de hombres y mujeres que, a ojos de Franco, son culpables de haberse rebelado contra el Ejército en el momento del alzamiento del 18 de julio. Según Eduardo Aunós (1894-1967), que fue ministro de Justicia entre 1943 y 1945, desde 1936 pasaron por las cárceles franquistas cerca de 400 000 personas. Tres años después, la población carcelaria aumenta desmesuradamente: entre 1939 y 1940, pasa de haber 90 413 detenidos a 271 000. Hasta 1944, cada año detienen a una media de 10 000 personas.

Entre 1942 y 1945, sin embargo, parece que la situación evoluciona: se pasa de 112 735 detenidos a 39 527. Aunque podríamos creer que Franco amnistió a los combatientes de la República, eso no fue así. Es cierto que libera a miles de hombres tras los decretos de junio de 1940 y de 30 de marzo de 1943, pero siempre son rebajas parciales de penas acordadas a categorías limitadas de condenados. Además, la reconciliación no entra en los planes del Caudillo en ningún momento. Una causa verosímil de la disminución del número de presos sería el ritmo de las ejecuciones durante los cinco primeros años de la dictadura: se producen con tanta regularidad que el conde Ciano (político italiano yerno de Mussolini, 1903-1944) le expresa a Mussolini su preocupación por el destino de los 90 000 presos encerrados en las cárceles nacionales en 1939. Solamente en Madrid, se producirían 250 ejecuciones diarias y, en Barcelona, 150. Según el economista y político español Ramón Tamames (nacido en 1933), 32 304 personas habrían sido ejecutadas solamente en 1939. En total habría, por lo tanto, no menos de 105 000 fusilados que contribuirían a hacer más trágico el balance de la represión.

Aunque las ejecuciones sumarias perpetradas durante la

Guerra Civil se explican por la escalada de los enfrentamientos entre ambos bandos, las detenciones y ejecuciones de los años 1939-1943 definen la silueta de un régimen en el que la violencia se erige como un arma legal en las manos de un Franco todopoderoso incapaz de olvidar los rencores de la guerra y de perdonar. Como prueba de ello, incluso pocos días antes de su muerte en 1975 firmará las sentencias de muerte de dos anarquistas, a pesar de la extinción de las responsabilidades políticas en 1966.

El régimen franquista, con 290 000 víctimas en 36 años, es uno de los más sangrientos de la historia contemporánea, solamente por detrás del nazismo.

Una España en autarquía

Asimismo, Franco adopta la autarquía como sistema de desarrollo, olvidando que España no tiene las bases tecnológicas e industriales que permitieron que el Tercer Reich llevara a cabo su política de expansión aprovechándose de los pueblos sometidos.

En España, esta decisión comporta la implementación de una política enfocada a la explotación económica de los españoles. La escasez causada por el aislamiento del país provoca la aparición de un mercado negro que contribuye a aumentar las diferencias entre ricos y pobres. El Estado parece corrupto a todos los niveles, incluso en el sector de la redistribución de trigo, cuyos funcionarios se enriquecen subiéndole el precio de forma artificial. Todo está bajo el control del Estado y, para acceder a los víveres, los españoles tienen que obtener un carné de identidad y salvoconductos que la Falange y el clero parroquial valorarán si sellarán, en función de su buena conducta. Este control draconiano del abastecimiento está en perfecta consonancia con el discurso de Franco, según el cual los vencidos deben conmutar sus penas a través de su sacrificio. Mientras que algunas categorías de la población sufren carencias materiales y rechazo, los bancos, los funcionarios y los dueños de tierras aumentan sus ingresos de forma espectacular, con la aprobación de Franco.

EL MAUSOLEO DEL VALLE DE LOS CAÍDOS, UN SÍMBOLO DEL RÉGIMEN FRANQUISTA

El símbolo más célebre de la explotación de los presos republicanos bajo la dictadura franquista es un capricho personal del Caudillo: la construcción de la basílica y de la cruz colosal del Valle de los Caídos. Entre 1940 y 1958, un mínimo de 20 000 presos trabajaron, a veces hasta morir, en las obras de este mausoleo que honra la memoria de los muertos sacrificados únicamente por la causa del dictador. Aunque la situación en España ha evolucionado de forma suficiente para que a partir de 1958 se abriese este lugar a la inhumación de las víctimas republicanas y para que más recientemente se reclamara su desacralización, no deja de ser un lugar de memoria vinculado a la esencia de un régimen que despreció la vida humana para restaurar los privilegios de los grandes de España.

Valle de los Caídos.

Una resistencia moribunda

Tras tres años de resistencia, pocas voces encuentran la fuerza necesaria para alzarse y pedir la amnistía. En el bando de los vencidos, algunos eclesiásticos, como el cardenal y prelado Gomá, desean una conciliación, e incluso le sugerirán a Franco la posibilidad de un perdón evangélico. El papa Pío XII (1876-1958) también intentará, en vano, que Franco muestre más clemencia, mediante su mensaje radiofónico emitido durante la victoria del Caudillo.

Se ha aniquilado a casi toda la resistencia. En el bando republicano, la mayor parte de los dirigentes que podrían organizar su movimiento están muertos, en la cárcel o en el exilio. No obstante, el Frente Popular intenta reorganizarse desde Francia y desde las cárceles franquistas. En cuanto a los socialistas y los anarquistas, tienen dificultades para organizar redes clandestinas en España, sobre todo a causa de sus divisiones internas, pero también como consecuencia del gran tributo que han tenido que pagar durante la represión. Los únicos que logran recuperarse son los comunistas: a pesar de que la mayoría de los dirigentes del PCE huyen, algunos militantes logran reactivar redes de solidaridad elemental en el interior de las cárceles, y emprenden acciones de resistencia.

Algunos meses tras la rendición de Madrid, la red de las Juventudes Socialistas Unificadas, rama principal del PCE, se reorganiza de forma clandestina en la capital, empieza a distribuir octavillas y poco a poco multiplica los golpes contra los funcionarios de la justicia franquista.

En este contexto tiene lugar uno de los dramas más impactantes de la represión, el martirio de las 13 rosas. El 27 de julio de 1939, se produce un intento de atentado contra la figura del comandante Isaac Gabaldón (muerto en 1939), al que Franco ha encargado que se ocupe de las pruebas contra los comunistas y los francmasones. Como respuesta a la tentativa de asesinato, el régimen acusa a 67 partidarios del atentado y los juzga por alta traición. Entre ellos, hay 13 jóvenes mujeres cuyo final tendrá mucha repercusión. Acusadas de haber apoyado el atentado de forma indirecta a través del reparto de octavillas, se las juzga ante un tribunal militar y, aunque nueve de ellas son menores —en ese momento la mayoría de edad se alcanza a los 23 años— serán condenadas a muerte el 4 de agosto, en cumplimiento de la Ley de Febrero de 1939, que rebaja la edad de la responsabilidad penal a los 14 años. Ese mismo día, serán fusiladas contra la pared del cementerio de la Almudena, junto con 50 camaradas masculinos. Su ejecución hará que nazca un movimiento de solidaridad iniciado, en especial, por la francesa Ève Curie (1904-2007), que realiza una campaña en París en el nombre del martirio de las 13 rosas rojas del franquismo. Aunque este episodio saca a la luz la reacción implacable del Ejército, también obliga a Franco a bajar el ritmo de la represión y a cuidar su imagen a nivel europeo.

FRANCO EN LA SEGUNDA GUERRA MUNDIAL (1939-1944)

Una entrada en guerra poco frontal

Después de tres años de guerra civil, Franco toma las riendas de un país arruinado. Más de medio millón de españoles huyen del país, por miedo de la venganza del Caudillo y en busca de un futuro mejor. A nivel interno, el Generalísimo mantiene la unidad de la coalición nacional, pero el hundimiento económico de España compromete sus ambiciones de volver a convertirla en una gran potencia europea.

En vista de la situación en la que está inmerso el país, Franco teme el estallido de la Segunda Guerra Mundial. La firma del Pacto de No Agresión Germano-Soviético el 23 de agosto de 1939 y la posterior invasión de Polonia hacen que el Caudillo sea consciente del riesgo que corre frente a Stalin (estadista soviético, 1878/1879-1953) si su alianza con Hitler es demasiado fuerte. Por consiguiente, desea que España se mantenga neutral en el conflicto. Sin embargo, la derrota francesa en mayo de 1940 cambia la situación: la victoria de Alemania sobre Gran Bretaña es ahora probable y el

Führer le pide a Franco que impida el paso de los británicos al Mediterráneo.

No obstante, el Caudillo no sabe cómo reaccionar: presiente que si traiciona a Alemania, su antigua aliada invadirá su país sin dudarlo. Sin embargo, Washington y Londres presionan a la comunidad empresarial de Madrid para preservar sus posiciones en el estrecho de Gibraltar. En medio de este delicado equilibrio, Franco se dispone a encontrarse con Hitler. El 23 de octubre de 1940, su tren personal llega a la estación de Hendaya (Francia) con una hora de retraso respecto al del dictador alemán. En este momento, concluye su estrategia: reafirma la amistad de España con los nazis, y deja que Hitler termine el ataque de Gibraltar el 10 de enero de 1941. A continuación, con un tono muy tranquilo, reivindica el derecho de España a reconquistar Gibraltar y el Marruecos francés, pero el Führer considera que estas peticiones son inadmisibles, ya que aceptarlas conllevaría el riesgo de que el Magreb (y, especialmente, Argelia) cayeran en manos de los gaullistas. Las conversaciones duran varias horas y, finalmente, Hitler consigue la adhesión de principio del Caudillo al Pacto del Eje (Alemania, Italia y Japón) contra Inglaterra, subordinada a una ayuda material consecuente a favor de España.

Una complicidad prudente con Hitler

Franco opta por ayudar a los nazis discretamente. A finales de 1940, rechaza dejarlos cruzar España para desembarcar en Marruecos, pero autoriza el abastecimiento de la Marina alemana en los puertos españoles. Fiel a sí mismo, prefiere esperar en vez de comprometerse con una Alemania que no tiene la victoria asegurada. Sin embargo, ante la habilidad de Hitler para recuperar las pérdidas italianas en los Balcanes (28 de octubre de 1940) y en Egipto (enero de 1941), obligando a los británicos a evacuar Grecia y ocupando la Cirenaica, Franco se arrepiente de haber sido tan prudente.

El 22 de junio de 1941, cuando Alemania invade la URSS sin respetar el Pacto de No Agresión, el dictador español, como agradecimiento al Führer, se apresura a enviar una escuadrilla y una División Azul al frente del este para apoyar a la Legión Cóndor. Reclutados de forma privada más allá del compromiso con el Gobierno español, estos 20 000 soldados voluntarios, enviados a combatir en las filas de la Wehrmacht, serán la mejor ficha en el tablero de ajedrez para el Caudillo, que quiere preservar la no beligerancia de España en el conflicto al tiempo que continúa su lucha contra el comunismo. En diciembre de 1941, la entrada en guerra de los Estados Unidos no hace más que reforzar este doble juego.

La prueba de fuego para los franquistas (1942-1944)

Franco quiere que su poder personal pase esta prueba. Sin embargo, con la mundialización de la guerra, el dictador cada vez siente más dificultades para mantener el equilibrio entre los falangistas, germanófilos, y sus asesores militares que lo instan a mantenerse más neutral.

En julio de 1943, el desmoronamiento de la Italia fascista y la detención de Mussolini a manos de su propio consejo causan un gran desconcierto en las filas de la Falange. Algunos generales, entre los que se encuentran Alfredo Kindelán y

Luis Orgaz (1881-1946), aprovechan la situación para intentar apartar a Franco, con el apoyo de los Estados Unidos. Don Juan de Borbón, aspirante al trono desde la muerte de Alfonso XIII en 1941, también intenta convencer al Caudillo de que se retire honorablemente a favor de la monarquía.

Cuando Franco ve llegar a su residencia del Pardo al carlista José Varela con una carta firmada por ocho de sus generales en la que se le invita a retirarse, mantiene la calma. Ante el desembarco anglo-estadounidense en Sicilia (8 de noviembre de 1942), sabe reaccionar con sangre fría sacrificando a Suñer por el conde Gómez Jordana (1876-1944), más favorable al consenso a la hora de negociar con los Aliados, si es que estos ganaban la guerra. Además, el restablecimiento de las Cortes a partir de 1942 salva las apariencias. El Caudillo ya solamente tiene que convocar a los generales conjurados, uno a uno, y obtener su retractación convenciéndoles de que solamente él es indispensable para salvar a España del comunismo. Finalmente, para no quedarse corto, hace que la División Azul vuelva del frente del este en septiembre de 1943.

UNA GUERRA FRÍA PROVIDENCIAL (1946-1959)

La España franquista aislada del resto de naciones (1944-1946)

Franco quiere mantenerse en el poder sin que lo echen y tenga que vivir un final trágico como el de Hitler y Mussolini. Sin embargo, la victoria definitiva de los Aliados sobre las potencias del Eje le deja solamente una opción si quiere mantenerse al mando de España: dar una buena imagen ante los ganadores de la guerra y explotar el aumento de amenazas comunistas en Europa.

Sin embargo, en 1945, el franquismo parece destinado a desmoronarse siguiendo los pasos de los regímenes con los que está estrechamente vinculado: el nazi y el fascista. España queda marginada de la Conferencia de San Francisco (abril-junio de 1945), que marca la creación de la ONU y, durante la Conferencia de Potsdam, en agosto de 1945, los tres grandes vencedores (la URSS, los Estados Unidos y Gran Bretaña) confirman la moción de exclusión contra España. Y lo que es peor, en diciembre de 1946, la Asamblea General de las Naciones Unidas denuncia a la España franquista como un régimen fascista y moralmente odioso, y sentencia su exclusión de todas las instituciones internacionales. Solamente mantienen su apoyo a Franco el Vaticano, Portugal y Argentina.

Una monarquía sin rey (1946-1948)

Ante la ofensiva de la comunidad internacional, el dictador suelta lastre entregando a Pierre Laval (número dos del régimen de Vichy, 1883-1945) ante la justicia francesa. Tras la insistencia de un representante de Washington, suaviza la censura autorizando que en el cine se difundan imágenes de los campos de Dachau y de Bergen-Belsen, para mitigar la corriente de opinión germanófila que se expresa en la prensa con la apertura de los Juicios de Núremberg (20 de noviembre de 1945-1 de octubre de 1946). Sin embargo, estos gestos de apaciguamiento no impiden que el Gobierno francés cierre sus fronteras con España en febrero de 1946.

La respuesta no tardará en llegar. Con motivo de la retirada de los embajadores de la ONU, el 9 de diciembre de 1946, las autoridades convocan una concentración en la plaza de Oriente de Madrid. Ese día, muchos vehículos transportan a la multitud «entusiasta». En medio de las ovaciones, el general se desplaza lentamente, dentro de un coche descubierto y sin protección aparente. Esta estrategia de comunicación causa un gran impacto en los ánimos de la gente y demuestra a las embajadas extranjeras que en España las autoridades controlan la legitimidad del régimen. A pesar de una libertad aparente, se utiliza a la prensa para atraer la atención alrededor de Franco como símbolo de la independencia nacional. Y la propaganda tiene el efecto deseado: en las salas de cine, su puesta en escena despierta el entusiasmo. Aunque está claro que hay personas encargadas estratégicamente de empezar las ovaciones, el resto del público les sigue.

Un mes después, la reapertura de las Cortes provoca nuevas oleadas de adhesión, pero nada tan impresionante como la demostración de masas de diciembre. El Caudillo en persona renueva a un cuarto de los representantes de la Asamblea, cuya composición dominada por los falangistas recuerda más a una reedición del Gran Consejo Fascista que a un órgano democrático.

A ojos del dictador, ha llegado el momento de darle a su autoridad la consagración que hasta ahora le faltaba. El 31 de mayo de 1946, en un discurso en la radio, anuncia la presentación de una ley destinada a asegurar la transmisión del poder. Franco, presionado por el almirante de la Marina

Carrero Blanco (1903-1973), tiene la intención de calmar las aspiraciones de la Acción Católica dejándole esperar un retorno a la monarquía. Sin embargo, en realidad, el almirante Carrero asegura la perpetuidad constitucional del poder de su líder reservándole el privilegio de someter a las Cortes el nombre de su heredero.

Este proyecto de sucesión, a largo plazo, no sirve a los intereses del conde de Barcelona, ya que una de las condiciones que implica es que renuncie a su derecho a la corona en favor de su hijo. Por lo tanto, Carrero Blanco debe convencer al príncipe Don Juan de que se encuentre con Franco para organizar el retorno a España de su hijo Juan Carlos, asegurar su formación y reconciliar a la monarquía con los dirigentes del régimen. Aunque el heredero al trono al principio rechaza el proyecto, termina reconsiderándolo bajo la acción de los *lobbys* monárquicos y, el 25 de agosto de 1948, Don Juan mantiene un encuentro discreto con Franco en la costa de San Sebastián. La entrevista se termina con una curiosa victoria a favor del ya anciano dictador: al hacer que el último representante legítimo de los Borbones vuelva al país, asegura un *statu quo* a largo plazo entre el bando de los monárquicos y de los falangistas, al tiempo que desacredita los argumentos de la oposición republicana en el extranjero. Después de todo, ¿quién se habría podido imaginar que el pequeño príncipe que sube a bordo del Lusitania Express en noviembre de 1948 elegirá un día abolir la dictadura que lo ha formado para hacer que los españoles se reconcilien con la democracia?

Hacia el reconocimiento internacional (1948-1950)

Franco, mientras tanto, ha ganado su lucha contra el tiempo. El Ejército, reprimido, se mantiene fiel, y los falangistas se ablandan ante la seguridad de un *statu quo*. En cuanto a las fuerzas conservadoras, se refugian tras un régimen que sirve a sus intereses a la espera de una hipotética apertura del país al liberalismo.

Mientras tanto, en el plano internacional, la precisión de la amenaza comunista conduce a los Estados Unidos a reconsiderar la utilidad de la España de Franco en el marco de la Doctrina Truman (medida de contención del comunismo). A partir de 1947, Washington multiplica los actos de amistad hacia Madrid, mientras mantiene a España fuera de su Plan Marshall (programa de ayuda para la recuperación europea tras la guerra) y de las negociaciones que conducirán a la creación de la OTAN. Al año siguiente, la misión del mayor Sherman con Carrero Blanco marca los primeros hitos de un acuerdo que prevé el establecimiento de bases estadounidenses en territorio español.

A principios de 1949, Franco puede mostrar sin riesgos su triple juego: el anticomunismo, la posición estratégica de España y la ventaja diplomática del catolicismo. Durante la guerra civil española, los católicos estadounidenses se aliaron con los franquistas y presionaron al presidente Franklin Roosevelt (1882-1945) para que abandonara sus simpatías hacia el otro bando. Así pues, Franco sigue su lógica y nombra en 1945 a Alberto Martín-Artajo (1905-1979), presidente de la Acción Católica, como ministro de Asuntos Exteriores. Martín-Artajo es considerado un buen católico y se impone como intermediario entre los dirigentes del régimen, la jerarquía de la Iglesia española y los medios conservadores anglosajones y europeos, en vista de que se acepte definitivamente la dictadura iniciada tras el golpe del 1936.

Con su administración, Artajo también conseguirá desarrollar el concordato de 1953 a través del cual el Vaticano reconoce el Gobierno de Franco y concede importantes privilegios a la Iglesia española. Además, el ministro mantiene relaciones asiduas con eminencias del clero estadounidense y puede influenciar a los *lobbys* españoles en Washington, sobre todo gracias a la mediación de monseñor Francis Spellman (arzobispo de Nueva York, 1889-1967). Franco concluirá su juego de seducción enviando personalmente a Estados Unidos a su emisario José Félix de Lequerica (1891-1963), encargado de fondos secretos, para que convenza al entorno empresarial del país de que España está preparada para luchar contra la invasión soviética, y que podrá hacerlo si se le presta apoyo para reorganizar su ejército, de apenas 300 000 hombres. El dictador, lejos de confiar su destino al azar de la coyuntura internacional, demuestra flexibilidad al apartar a la Falange, demasiado comprometida, sin dejar de controlarla, ya que es indispensable para movilizar a las multitudes, y explotando los talentos comunicativos de los conservadores de la Acción Católica. Así, se asegura el apoyo de los conservadores para garantizar que el régimen se respete.

Gracias a estos movimientos, Franco espera que pronto cambie la situación de aislamiento de España. El bloqueo de Berlín (12 de mayo de 1949) y la victoria de Mao Zedong

(1893-1976) en la China Popular juegan a favor de este escenario. Los acontecimientos se precipitan en septiembre de 1949 cuando, por primera vez desde la Guerra Civil, el rey Abdalá de Jordania (1882-1951) visita España durante un viaje oficial. Gracias a él, Franco adquiere una nueva dimensión ante los españoles: la del «centinela de Occidente» que, en primer lugar, blande su bandera contra Stalin. La prensa oficial, a continuación, se sirve de esta imagen del Caudillo para seducir a los estadounidenses. En Washington, la impresión que despierta el estallido de la guerra de Corea (25 de junio de 1950) hace que las últimas reticencias sobre España se desvanezcan. Enseguida, el Congreso vota a favor de concederle a Madrid un primer crédito de 62,5 millones de dólares y, el 4 de noviembre de 1950, la ONU adopta una resolución que prevé la reintegración de España en las instituciones internacionales.

Cuando Franco se entendía con Eisenhower (1952-1959)

En noviembre de 1952, el acceso de Eisenhower (1890-1969) a la presidencia de los Estados Unidos acelera la rehabilitación de la España franquista. Como jefe supremo de las fuerzas aliadas, durante la Segunda Guerra Mundial, el estadounidense tuvo la ocasión de convencerse de la importancia estratégica de España en el pulso que mantuvo contra los soviéticos.

Nada más entrar en el Despacho Oval de la Casa Blanca, el presidente estadounidense reactiva los protocolos de acuerdo esbozados en 1948 para la cesión al país de bases militares hispánicas. En agosto de 1953, el propio Franco toma el control de las negociaciones con los embajadores estadounidenses a través de su testaferro, el teniente general Juan Vigón (1880-1955). Sus interlocutores lo presionan para que el acuerdo se concluya, y Franco tiene que resolverse a firmar un triple acuerdo que prevé la cesión de las bases de Torreón (cerca de Madrid), de Zaragoza, de Morón y de Rota (base naval cerca de Cádiz) por diez años renovables. Para un hombre como Franco, los términos del acercamiento hispano-estadounidense significan abandonar una parte de su soberanía y exponer a su país a las represalias de Moscú, sin la garantía de que los Estados Unidos intervengan si es necesario. Sin embargo, no parece que los soviéticos puedan atacar la integridad del bando occidental sin que los estadounidenses respondan.

A finales de 1953, se puede considerar que el dictador ha alcanzado parcialmente el objetivo que se había marcado. Desde el estallido de la oposición contra su país en 1946, ha consolidado las bases de su régimen mediante una fuerte represión contra los guerrilleros comunistas y una reestructuración —aparente— de su Gobierno, acorde con las sensibilidades conservadoras de los británicos y de los estadounidenses. El 21 de diciembre de 1959, el apretón de manos entre Franco y Eisenhower en Madrid no es más que otra artimaña publicitaria orquestada por la Falange para tranquilizar a los españoles y hacerles olvidar que España no juega en la misma categoría que los Estados Unidos. El 15 de diciembre de 1955, Franco logra su objetivo: rehabilitado por la ONU, ya puede hacer prosperar a su dictadura con el beneplácito de la comunidad internacional.

LA ESPAÑA FRANQUISTA EN EL MOMENTO DEL NEW DEAL (1955-1965)

Franco frente a la miseria (1955-1956)

En 1955, en sus sesenta, Franco está en plena forma y se muestra convencido de haber hecho madurar su régimen y de que el modelo autárquico, heredado de los años de aislamiento del país, bastará para mantener la paz social. Sin embargo, aunque no se puede discutir su habilidad para gestionar el Estado español, no está preparado para orientar el desarrollo económico de una nación arruinada por una guerra civil y otra mundial.

Desde finales de la Guerra Civil, el Caudillo se enfrenta a una situación de escasez que no le es familiar, ya que está acostumbrado a disponer de abundantes recursos alimentarios gracias a los campos de trigo de Castilla y a las costas de Galicia. El Caudillo, aunque es nuevo en la materia, se decanta de forma natural por un modelo económico antiliberal, que parece que durante un tiempo conjugará sus aspiraciones de control absoluto con el estado catastrófico del comercio internacional en 1940.

A Franco le preocupan mucho los problemas sociales por lo que, con la ayuda de su ministro de Trabajo José Antonio Girón (1911-1995), elabora una legislación social que funda la seguridad del empleo y reprime el derecho de huelga como una traición a la riqueza de España.

En 1956, los viajes del dictador al norte y noroeste del país para inaugurar las empresas públicas del INI (Instituto

Nacional de Industria creado en 1941), como el plan de irrigación de Badajoz, bastan para convencerlo de que es el hombre indicado para su puesto, que triunfa donde los republicanos fracasaron, y distribuye con abundancia nuevas parcelas de tierras y viviendas a los campesinos de Extremadura cuyos suburbios, según dice, son «una vergüenza y [...] ha[y] que extirparlos» (Bennassar 1996, 177).

Sin embargo, la situación no es tan idílica como Franco finge verla, ni mucho menos. En 1950, el PIB todavía no ha alcanzado sus niveles de 1935. Las obras que emprende el Estado no son rentables y los salarios de los trabajadores, obligados a responder a las demandas del régimen para sobrevivir, siguen tan bajos como antes, a pesar de un trabajo intenso y de los días perdidos en las huelgas. Esta diferencia creciente de un salario *per capita* entre los más débiles de Europa después de Portugal y una inflación mal contenida son solamente una parte de los numerosos elementos que sustentan la debilidad del régimen franquista y preparan, de forma lenta pero segura, la apertura de la sociedad española hacia una mayor modernidad.

En 1951 se produce una huelga blanca en Barcelona y Madrid para protestar contra el precio de los billetes de tranvía, iniciada por los sindicatos socialistas. Su impacto empuja al Caudillo a reconsiderar las bases políticas y económicas de su régimen. Tras la reestructuración ministerial de 1951, gana un poco de tiempo encargándole a Carrero Blanco que frene a la Falange y que consolide la posición de la Iglesia católica como piedra angular de la dictadura. Al mismo tiempo, se produce un abandono progresivo de la autarquía y en 1953 el sueldo por cabeza alcanza su nivel de antes de la Guerra Civil gracias a la apertura de créditos a las empresas extranjeras acordados por el ministro de Comercio Manuel Arburúa (1902-1981). Mientras tanto, la ausencia total de contrapoderes capaces de reemplazar las opiniones contrarias al régimen hace que Franco se encuentre en una olla a presión a punto de explotar.

La huelga universitaria de 1956

En 1956, Franco está desbordado por primera vez desde hace tiempo: parece que esté en el ojo de un huracán en el que se suceden los acontecimientos. El año empieza con la revuelta universitaria de febrero en Madrid. Algunos jóvenes procedentes de las filas de una Falange frustrada y que soportan cada vez menos el peso de la moral impuesta por los católicos aprovechan los intentos de liberalización de la enseñanza lanzados por Joaquín Ruiz-Jiménez (1913-2009) en 1951 para reavivar la oposición en el entorno universitario. Este, preocupado por anticiparse a las reclamaciones de los estudiantes, desafía a la dictadura rehabilitando a algunos profesores republicanos y organizando actividades culturales como homenajes al filósofo Ortega y Gasset.

Esta experiencia de liberalización inédita contribuye a infundir preocupaciones a los estudiantes, que se vuelven conscientes de que el horizonte mental y cultural que propone el franquismo es muy limitado. Poco a poco, se forman grupúsculos disidentes. La oposición, además de contar con militantes comunistas, seduce a jóvenes no politizados que aspiran a expresar sus reivindicaciones fuera de los canales de la dictadura.

El primer cambio tiene lugar en 1955. Tras la visita a Gibraltar de la reina Isabel II (nacida en 1926) en 1954, el sindicato decide organizar una manifestación masiva que creía sin riesgo con el objetivo de demostrar su influencia sobre los estudiantes, movilizándolos alrededor de una vieja reivindicación nacional: reclamar que Gibraltar vuelva a pasar a manos españolas. La concentración acaba con altercados entre la Guardia Civil y los estudiantes.

Sin embargo, la verdadera ruptura tiene lugar el 9 de febrero de 1956, cuando los socialistas madrileños resucitan a la ASU (Asociación Socialista Universitaria) con ocasión de un partido de fútbol muy disputado. Durante la primavera, varios estudiantes —socialistas y tránsfugas de la Falange— colaboran, bajo la dirección del escritor Jorge Semprún (1923-2011), en la redacción de un *Manifiesto de los hijos de los vencedores y de los vencidos*, que hace un llamamiento a una huelga de 48 horas y a la redacción de una declaración de los derechos humanos. Publicado el 1 de abril de 1956 en periódicos internacionales como *Le Monde*, el eco del llamamiento dentro y fuera de las paredes de la Universidad de Madrid es un serio revés para Franco y firma el final de la experiencia de apertura de Jiménez.

El Caudillo ignora la agitación de los estudiantes y muestra así sus límites. No entiende que este levantamiento marca la primera fractura importante entre los dirigentes de su dictadura. Su única respuesta consiste en declarar el estado de excepción por primera vez después de la Guerra Civil. Muchos estudiantes son detenidos y llevados a la cárcel de Carabanchel, en la periferia de Madrid. Entre los cabecillas de la huelga destacan Ramón Tamames, el poeta Dionisio Ridruejo (1912-1975) —antiguo combatiente de la División Azul en Rusia— y Laín Entralgo (1908-2001), presidente de la Universidad de Madrid y falangista seducido por el reformismo. Este grupo de detenidos políticos (los únicos de la época) reúne a dirigentes de la dictadura y a una nueva generación de españoles que se posiciona contra un mundo en blanco y negro procedente de una guerra civil que ahora ya queda lejos.

La reorganización ministerial de 1957

La protesta estudiantil no es el único problema al que Franco debe enfrentarse: hasta el momento, ha conseguido mantener el equilibrio entre sus ministros procedentes de la Falange y Alberto Martín-Artajo, José Antonio Girón y Joaquín Ruiz-Jiménez, de sensibilidad democristiana. Sin embargo, la política de apertura que estos últimos preconizan pone en peligro al régimen. Además de la indignación provocada por la experiencia de liberalización de Jiménez, las malas cosechas de 1954 y 1955 no permiten absorber los aumentos salariales impuestos por el ministro de Trabajo, Antonio Girón, a riesgo de perder el apoyo a la dictadura de las masas obreras y rurales. Además, la obsesión de José Luis Arrese (1905-1986) de reforzar el papel central de la Falange, en favor de una nueva ley fundamental, acaba llevándola a un impase social, económico e institucional.

Entonces, Carrero Blanco le revela la solución al Caudillo: se trata de despolitizar la administración confiando su gestión a hombres que no procedan ni de la Falange ni de la Acción Católica y que estén dotados de serias competencias técnicas. La crisis de 1956 desemboca en una importante reorganización ministerial que favorece a una nueva generación de políticos con una sólida preparación en materia de economía y derecho. Carrero Blanco incluso pretende integrar por lo menos a dos ministros miembros del Opus Dei: un hábil cálculo que desplaza definitivamente los elementos identitarios de la dictadura hacia los fundamentos nacionalcatólicos.

Tras asegurarse de que los españoles obedecerán los principios del Movimiento y la doctrina de la Iglesia católica, los tecnócratas pueden centrarse en la liberalización de la economía con la implementación del plan de estabilización que pondrá fin al periodo de autarquía en 1959. Con ella, la dictadura se desprende de sus últimas reminiscencias fascistas y abre un nuevo periodo de su historia: el desarrollismo, que sustituirá la legitimidad de Franco como vencedor de la Guerra Civil por una legitimidad de ejercicio, como artífice de la prosperidad económica de España.

UNA LENTA RETIRADA (1959-1970)

Un milagro económico con consecuencias paradójicas

En 1957, la entrada de los tecnócratas en los asuntos gubernamentales marca un cambio de rumbo para Franco. Las pruebas a las que se enfrenta durante los años cincuenta perjudican su prestigio de hombre de Estado. Tras haberse visto obligado a dejar que el Marruecos español obtuviera la independencia, su ineptitud a la hora de responder a las peticiones de apertura de la nueva generación termina por convencerlo de que prepare su traspaso de poderes.

El dictador confía el destino de su régimen a una nueva generación de políticos cuyas figuras destacadas son el ministro de Economía Mariano Navarro Rubio (1913-2001), el ministro de Comercio Alberto Ullastres (1914-2001) y el asistente de Carrero Blanco en el Ministerio de la Presidencia Laureano López Rodó (1920-2000). Estos hombres, formados en las filas del Opus Dei, aúnan sus esfuerzos para racionalizar al Estado y reducir su intervención en la economía, en beneficio del sector privado. La estrategia gubernamental consiste en hacer olvidar la falta de legitimidad democrática del régimen alimentando la ilusión de la gente de que la libertad comienza con 800 dólares en el bolsillo al año por cada ciudadano.

En 1959, el Gobierno promueve un plan de estabilización que procede de la filosofía neoliberal y de la planificación estatal. Los ministros dejan un amplio margen de inversión a las empresas privadas y solamente reservan la ayuda del Estado a grandes obras para el desarrollo industrial y agrícola del país. Tras un tiempo de recesión, el crecimiento termina alcanzando el 7 % cada año, una tasa únicamente igualada por Japón en 1962.

El mayor reto de los gobiernos de expertos —que en los años sesenta se van sucediendo— es volver a ganarse la aceptación de las masas en una sociedad trastornada. En pocos años, España se ha transformado en un país industrializado y urbanizado. En 1960, la creación de nuevos centros industriales diversifica la producción, concentrada hasta ese momento solamente en las cuencas de Cataluña y del País Vasco, y estimula el éxodo rural hacia ciudades medianas como Valladolid o Zaragoza. Sin embargo, aunque el sector industrial emplea al 32 % de la población (frente a solamente el 24 % en 1930), el crecimiento no es lo suficientemente fuerte para absorber la demanda de esta gente que abandona de forma masiva la agricultura. En un contexto en el que los sueldos son demasiado bajos y los sindicatos todavía están prohibidos, miles de campesinos emigran hacia países más competitivos como Francia y Alemania.

Por otro lado, la integración de España en el FMI (Fondo Monetario Internacional) permite atraer a los turistas europeos. El ministro de Información Manuel Fraga (1922-2012) lanza una vasta campaña de promoción turística a través del eslogan «Spain is different» («España es diferente»), con el objetivo de recapitalizar la economía. Algunas ciudades balnearias como Benidorm se reconstruyen alrededor de parques de hoteles de lujo para que el país revista una imagen paradisíaca.

El flujo de divisas extranjeras apoya un crecimiento con consecuencias paradójicas. Gracias al auge del sector terciario, las clases medias se diversifican y empiezan a acceder a los préstamos inmobiliarios y a los bienes de consumo. El acceso a la vivienda, a la televisión (el 1 % de los hogares en 1960) y sobre todo la posesión de un Fiat 600 (seis coches por cada mil habitantes en 1958) pasan a ser símbolos de éxito social. Aunque el plan de estabilización tiene un efecto subversivo, el crecimiento que provoca también genera consenso.

Las diferencias entre un régimen desconfiado y la aspiración de los españoles a vivir de forma normal cada vez se vuelven más importantes. Sin embargo, Franco logra preservar el apolitismo de las clases medias gracias a su disposición a ofrecer pan y circo al pueblo. Durante la primera mitad de los años sesenta, el viejo dictador acumula todavía algunas victorias como la apertura oficial de las negociaciones con la CEE (Comunidad Económica Europea) en 1962. No obstante, Franco se vuelve consciente, poco a poco, de que la tendencia de la burguesía a eludir las prohibiciones conducirá a la ruptura de su dictadura.

Aguantar y asegurar el futuro

A pesar de su avanzada edad, en 1965 Franco todavía lleva las riendas de España con firmeza. Sin embargo, la pérdida de las referencias y su salud frágil —sufre de párkinson— lo obligan a preparar su traspaso de poderes: delega sus responsabilidades al almirante Carrero Blanco, que tendrá que ejercer de guardián del régimen y perpetuarlo tras la muerte del Caudillo. En 1967, crea una nueva ley orgánica destinada a concluir la modernización de la administración franquista, que describe a España como una monarquía basada en los principios del Movimiento Nacional. La ley también ratifica la pérdida de influencia de la coalición franquista y de la Iglesia, confiando la gestión de sectores clave como la enseñanza a funcionarios. La justicia ya no está controlada por los consejos militares, sustituidos en 1963 por tribunales civiles. Aunque Blanco permite que se realice una tímida reforma democrática estableciendo asociaciones que emanan de la sociedad civil, estos espacios de «libertad» siguen dependiendo del control de la administración oficial.

No obstante, los ministros se preocupan porque Franco

entra en declive sin haber designado a un sucesor. Algunos defienden la candidatura del príncipe Juan Carlos que, desde su llegada de Suiza en 1948, ha seguido la trayectoria que se le había marcado: instruido por mentores del Movimiento Nacional, en 1960 entra en la Universidad de Madrid, y en 1962 se da a conocer al mundo, con su boda con la princesa Sofía de Grecia (nacida en 1938). En 1968, nace el primer hijo del matrimonio: el infante Felipe. La mayoría de edad del príncipe y el nacimiento de su heredero hacen que Franco tenga que pronunciarse a su favor rápidamente.

En 1969, Juan Carlos es designado como sucesor del Caudillo «a título de rey». No se ha previsto que la forma de gobierno sea una monarquía parlamentaria, pero Torcuato Fernández Miranda (1915-1980), preceptor del futuro rey, lo insta a aceptar esa forma de régimen, asegurando que la voluntad de los españoles acabará imponiéndose.

Nuevas resistencias

La designación de Juan Carlos, sin embargo, marca un poco más la fractura en el seno de la dictadura entre tradiciona-listas y progresistas. Frente a la facción de Carrero Blanco —que garantiza la continuidad de las instituciones después de la época de Franco—, algunos ministros falangistas abogan en las Cortes por una apertura del régimen. Uno de ellos es Manuel Fraga Iribarne que, además de defender el desarrollo del turismo, insiste en la necesidad de instaurar una libertad de expresión controlada por el Movimiento. En 1966, logra que se sustituya la antigua Ley de Prensa de 1938 por un régimen de censura *a posteriori* que autoriza a las editoriales a nombrar a sus directores y a publicar sus títulos siempre que respeten la moral y el orden público. Aunque el objetivo consiste en reforzar la influencia del Movimiento, algunos ministros como Joaquín Ruiz-Jiménez aprovechan la situación para fundar su propio periódico y alimentar una oposición de vanguardia.

Las protestas universitarias de 1956 solamente representan la parte visible del cambio que se produce en la oposición antifranquista desde 1951. Además de los comunistas exiliados y del movimiento obrero, a principios de los setenta se suman a ella actores que en otro tiempo fueron más próximos a Franco: las clases medias, la burguesía de las regiones periféricas e incluso una parte de la Iglesia católica. Para esta última, el inicio de los años sesenta coincide con un profundo cuestionamiento tras la elección del cardenal Roncalli (1881-1963) a la Santa Sede. En cinco años, el papa Juan XXIII logrará afirmar su voluntad de adaptar a la Iglesia a una sociedad en vías de secularización, mediante la publicación de la encíclica *Pacem in Terris* y la convocatoria del Concilio Vaticano II. En España, estos acontecimientos tienen un efecto devastador: Franco es desvirtuado por el papa, la única autoridad a la que respeta.

La encíclica *Pacem in Terris* revela claramente la ausencia de derechos fundamentales en España. El Gobierno, obligado a revisar la ley fundamental, aprueba en 1967 una ley de libertad religiosa impulsada por Fernando Castiella (1907-1976), el ministro de Asuntos Exteriores del momento. Sin embargo, este acto sentencia la ruptura entre el Estado franquista y una parte de la jerarquía de la Iglesia española, puesto que el joven clero prefiere ceñirse a la doctrina del

Concilio Vaticano II. Los conflictos con las autoridades civiles se multiplican: en marzo de 1966, en Barcelona algunos curas conceden asilo a estudiantes para que funden un sindicato libre, en lo que se conoce como el asunto del convento de los capuchinos de Sarrià o la Capuchinada. Además, en mayo del mismo año, 80 curas se manifiestan a favor de la encíclica. No obstante, el apoyo del clero local al separatismo vasco constituye la mayor afrenta para el Caudillo. En agosto de 1968, el obispo de San Sebastián, monseñor Bereciartúa, llegará incluso a publicar una carta pastoral muy severa con el régimen, tan solo algunos días después de los dos primeros atentados perpetrados por ETA (organización terrorista vasca).

Para Franco, esta alianza entre la Iglesia y el comunismo sella la sentencia de muerte del régimen. La influencia de los tecnócratas se hunde ante la ausencia de una ideología que justifique la dictadura. En 1969, los progresistas explotan su éxito para llevar a cabo un ataque frontal contra el partido de Carrero Blanco. El 23 de julio de ese mismo año, la denuncia del escándalo político-financiero de la fábrica textil MATESA saca a la luz la corrupción del Gobierno y conlleva la caída de algunos ministros, tras lo cual se produce un vacío político que los partidos católicos extraoficiales aprovecharán para preparar la transición como si el tiempo de Franco ya hubiera pasado.

LA AGONÍA DEL CAUDILLO (1970-1975)

Tiempo de incertidumbres

En los últimos días de su vida, el Caudillo es una autoridad tutelar. Su presencia y su arbitraje sirven a menudo de salvaguardia al almirante Blanco para evitar la desintegración del núcleo duro del régimen, que se produce sobre todo a finales de 1970, mientras los activistas vascos de ETA intensifican el ritmo de sus atentados para desestabilizar a la dictadura.

En diciembre de ese mismo año, el Gobierno de Blanco decide llevar ante la justicia a 16 activistas de la organización revolucionaria acusados de haber asesinado a un policía en 1968, juzgados en un proceso público en Burgos. Sin embargo, con este movimiento el Gobierno comete un error, ya que coloca a la oposición en un lugar privilegiado para demostrar que el régimen sigue siendo igual de represivo que antes, y que está igual de corroído —incluso dentro del Ejército— por un ambiente nocivo debido al final de etapa del dictador. Al final, seis de los activistas son condenados a muerte, nueve a cadena perpetua y uno es absuelto, pero Franco intervendrá en persona para conmutar las penas, con el objetivo de evitar un escándalo a nivel internacional. No obstante, este proceso pone al descubierto las luchas de las facciones políticas para hacerse con la herencia del Caudillo.

El abandono del poder

Aunque a menudo se le ve dar cabezadas en el Consejo de Ministros, Franco sigue empleando su autoridad de vez en cuando en las disputas de poder. En 1973, decide disociar las funciones de jefe del Estado y de jefe de Gobierno nombrando a Carrero Blanco presidente del Gobierno por un mandato de cinco años. Así, al colocar al lado del futuro monarca al hombre más indicado para garantizar el respeto de las leyes fundamentales del régimen, Franco cree que su sucesión está lista. Con un Gobierno que cuenta con cinco ministros de la Falange y cuatro técnicos católicos, espera que este nuevo equipo consiga asegurar su continuidad tras su desaparición.

No obstante, Carrero Blanco tendrá muy poco tiempo para poner en marcha su programa, ya que morirá el 22 de diciembre de 1973 en un atentado. Ese día, una explosión sorprende a los obreros que trabajan en el patio de la iglesia de San Francisco de Borja. Presos por el pánico, en un primer momento creen que se trata de un escape de gas, pero pronto se dan cuenta de que se trata de un atentado bomba, ya que un coche se estrella contra el tejado del patio. Durante la tarde, los activistas de ETA reivindican el éxito de la Operación Ogro y se congratulan por haber eliminado el último pilar que mantenía en pie la dictadura franquista. El escenario de la sucesión se ve comprometido y la imagen patética de Franco rompiendo a llorar en el funeral del almirante demuestra hasta qué punto la pérdida de su fiel colaborador es un duro golpe para él.

Un final de régimen interminable

La desaparición de Carrero Blanco deja a los tecnócratas sin protector. Su sucesor será ni más ni menos que Carlos Arias Navarro (1908-1989), ministro del Interior y antiguo responsable de seguridad del almirante. Esta elección demuestra la degradación de Franco y la creciente influencia de su clan familiar, que teme perder todo el crédito cuando Franco fallezca y aprovecha la muerte de Blanco para recuperar el control y recopilar todos los elementos hostiles a la evolución del régimen. Con esta perspectiva, Arias Navarro, antiguo policía durante la Guerra Civil, ofrece todas las garantías para hacer limpieza en las filas del Gobierno y neutralizar, en el momento fatídico, al sucesor designado.

El 4 de enero de 1974, Navarro forma un Gobierno que revela el desgaste de la élite franquista. Su equipo, formado por técnicos apolíticos, recupera la autoridad del Caudillo y aplica una línea represiva muy estricta, excluyendo a las figuras más progresistas como Manuel Fraga Iribarne. Sin embargo, algunos ministros se alían con el partido reformista. Entre ellos, destacan el ministro del Interior José García Hernández (nacido en 1915) y el secretario de la administración económica Antonio Carro Martínez (nacido en 1923), próximos a Juan Carlos. Ambos se erigen como instigadores de una política de apertura que Arias Navarro intenta recuperar durante un discurso que pronuncia ante las Cortes el 12 de febrero de 1974 y que, conducido por Antonio Carro, traza una línea central que busca la exclusión de los extremistas, de los franquistas y de los demócratas, así como la reunificación de la élite política alrededor de la preservación de la herencia de Franco y la promesa de una apertura más generosa. Sin embargo, la incapacidad del policía para acabar con sus actitudes autoritarias acaba con el esfuerzo en su fase inicial.

Asimismo, Navarro sufre las intimidaciones de la familia de Franco que, con la esperanza de fundar su propia estirpe, mueve sus fichas. En 1972, la nieta del Caudillo se une en matrimonio con Alfonso de Borbón (1939-1989), primo hermano del futuro rey Juan Carlos. Con esta alianza, la familia de Franco espera desacreditar al sucesor designado. Sin embargo, el Caudillo todavía no está tan débil como para ceder a la ambición de los suyos de fundar una dinastía, ni para dejar que Arias Navarro lleve las riendas sin imponerle sus visiones con firmeza. Presionado por su entorno, Franco vuelve a ejercer sus funciones el 2 de septiembre de 1974, tras una suplencia de Juan Carlos. Sin embargo, no puede engañar a nadie: físicamente está muy débil.

El 13 de septiembre, un nuevo atentado de ETA contra la Dirección General de Seguridad en Madrid deja 12 muertos y comporta un nuevo fracaso del Gobierno. La vieja guardia falangista, agrupada en el partido de extrema derecha Fuerza Nueva, considera que Arias Navarro se ha debilitado, a pesar de su dureza de antaño, mientras que los elementos más moderados de su equipo son destituidos o dimiten unos tras otros. Esta desbandada general refleja el clima de un final de régimen interminable.

Los acontecimientos de otoño de 1975 arrojan luz sobre el final de la trayectoria del dictador. En septiembre, el Consejo de Ministros dicta penas capitales contra tres militantes del FRAP (Frente Revolucionario Antifascista y Patriota) y dos de ETA, tras un segundo proceso llevado a cabo en Burgos. Esta dureza se puede explicar por la multiplicación de los atentados. Sin embargo, aunque la opinión internacional tolere ciertas cosas de otros países, no puede mostrarse tan transigente con la España franquista. Pero ni los llamamientos de Pablo VI (1897-1978) ni las violentas manifestaciones organizadas contra las embajadas españolas en el extranjero pueden detener a una dictadura que camina hacia su perdición. El 1 de octubre de 1975 en la plaza de Oriente de Madrid la última manifestación en apoyo del régimen ofrece el espectáculo de una farsa ante un Generalísimo senil.

Dos semanas después, el Caudillo padece un infarto. Entonces, Juan Carlos de Borbón tiene que ejercer el papel de jefe de Estado, y se ve inmerso en el centro de una grave crisis militar con Marruecos por el Sáhara Occidental. Como nuevo jefe del Ejército, viaja a El Aaiún, ya que el rey de Marruecos Hassan II (1929-1999) ha organizado la Marcha Verde para aplastar la revuelta saharaui y para anexionar los territorios españoles que quedan en Marruecos, y quiere asegurarse de que no termina convirtiéndose en un enfrentamiento con las unidades basadas en la región de Ifni y del Seguiet, que están bajo control español.

Mientras tanto, los españoles intentan deducir cómo evoluciona la salud del Caudillo a través de los comunicados que dan falsas esperanzas. La realidad es bien distinta: edema pulmonar, hemorragias recurrentes, bloqueo de los riñones... En el Pardo, sus fieles intentan retrasar los acontecimientos: si el Caudillo vive hasta el 26 de noviembre, se le podrá arrebatar la renovación de los dignatarios en los puestos clave de las Cortes, así como bloquear todas las decisiones que podrían tomar el rey y sus asesores y que comprometerían la continuidad del régimen. Sin embargo, es pedir demasiado: a sus 83 años, Franco ya no puede más y su familia pide que se le deje morir en paz. Fallece al alba del 20 de noviembre de 1975, y su desaparición marca el fin de la dictadura más larga del siglo XX.

POSTERIDAD DEL RÉGIMEN FRANQUISTA

UNA TRANSICIÓN DEMOCRÁTICA EN TENSIÓN (1975-1982)

Un principio de democratización incierto (1975-1976)

Poco después de la muerte del Caudillo, los democristianos, los socialistas y los comunistas se unen en una plataforma de coordinación democrática y reclaman la rehabilitación de los presos políticos, la supresión de las jurisdicciones especiales y la restitución del patrimonio expoliado a las organizaciones políticas y sindicales prohibidas por la dictadura. Todos temen que el Ejército repita el golpe de 1939. Para calmar los ánimos, las personalidades más reformistas del Antiguo Régimen toman las riendas de la situación y hacen participar a los dignatarios del Ejército en la prestación de juramento de Juan Carlos ante las Cortes, el 22 de noviembre de 1975. Al hacerlo, tranquilizan a los fieles de Franco, al tiempo que garantizan el acceso al trono del príncipe Borbón.

Los primeros gestos del nuevo rey son simbólicos. El 25 de noviembre, para marcar el inicio de su reinado, promulga un indulto que permite que 9000 presos se beneficien de una reducción de la condena. Sin embargo, estas señales de apertura dirigidas a la sociedad civil no bastan para esconder las tensiones entre los progresistas agrupados en torno a Juan Carlos y el núcleo duro de los fieles al Caudillo. El 12 de diciembre siguiente, por prudencia, el soberano vuelve a colocar a Arias Navarro a la cabeza de su Gobierno, pero el clima de violencia —alimentado, entre otros, por los partidos de extrema derecha— amenaza con sumergir al país en una nueva guerra civil. Para Juan Carlos, hay que negociar urgentemente con los partidos de la oposición moderada para que España vaya por el camino de la reconciliación nacional.

Hacia la disolución de las instituciones franquistas (1976-1977)

A partir de mayo de 1976, la élite progresista, que constituye la mayoría del Gobierno, se implica de forma prudente en el desmantelamiento de la dictadura. Tras los violentos enfrentamientos callejeros en Montejurra (País Vasco) que dejan tres muertos y un centenar de heridos, las Cortes, alarmadas, aprueban dos proyectos de ley que autorizan la libertad de asociación y que no le gustan nada a Arias Navarro, que presenta su dimisión ante el rey el 1 de julio. Ahora, Juan Carlos puede hablar de negocios con Adolfo Suárez (1932-2014), un dirigente procedente del Movimiento Nacional que comparte sus concepciones democráticas y que, a sus 43 años, es poco conocido. Al principio, la oposición democrática lo recibe con frialdad. Sin embargo, a partir del 6 de julio, Suárez anuncia la instauración de un Gobierno católico desde cuyo mando tiene la intención de realizar reformas. Su primer movimiento consiste en conceder la amnistía a cerca de 300 presos políticos. A continuación, el Gobierno negocia con los partidarios de Franco para convencerlos de que el régimen dictatorial sin el Caudillo no es viable. La Ley para la Reforma Política, prevista por el mismo dictador, firma la disolución de las Cortes franquistas a favor de unas elecciones por sufragio universal que se prevén para junio de 1977.

Así pues, lo único que falta por hacer es rehabilitar a los partidos políticos. Sin embargo, se presenta un problema complicado: la legalización del Partido Comunista, principal adversario de la dictadura desde la Guerra Civil. Suárez, en una situación de equilibrio delicado, promete que los comunistas estarán excluidos del espacio democrático en construcción, pero la situación no deja de ser difícil. Mientras que se autoriza al PSOE a celebrar su primer congreso en diciembre de 1976, la policía no sabe qué actitud tiene que adoptar para gestionar el retorno a España de los partidarios comunistas. El Partido Comunista no se volverá a integrar en la vida política hasta abril de 1977, después de haber renunciado a la República, de haberle jurado fidelidad al rey y de haberse mantenido al margen de la violencia de los partidos extremistas de izquierdas y de derechas. Tras esta rehabilitación, el Gobierno adopta una serie de leyes con el objetivo de ampliar las libertades y de aislar a los extremistas. El sindicato único y el Movimiento Nacional son desmantelados, mientras que entre noviembre de 1976 y junio de 1977 entran el escenario político 200 nuevos partidos. Algunos generales dimiten cuando se enteran del restablecimiento de los sindicatos, mientras que los grupúsculos militares (FET-JONS, Federación de Antiguos Combatientes y Fuerza Nueva) continúan desfilando por las calles alzando los símbolos franquistas. Sin embargo, estas demostraciones de fuerza no doblegarán la voluntad del primer ministro de llevar el proceso democrático a buen puerto.

El 15 de junio de 1977 se celebran las primeras elecciones libres después de las de febrero de 1936. Ese día, más de 200 formaciones políticas se disputan el favor de los electores en medio de la euforia. El partido ganador, con el 34 % de los votos, será la UCD (Unión de Centro Democrático), y el PSOE le pisará los talones con el 29 % de los votos, consolidándose como principal partido de la oposición. En los partidos moderados, el PCE obtiene un 9 % de los votos y la Alianza Popular, un 8 %. El fracaso de esta última formación, dirigida por Manuel Fraga Iribarne, demuestra el desgaste de los nostálgicos del régimen franquista. Los extremistas desacreditados, Juan Carlos de Borbón y Adolfo Suárez han demostrado su capacidad para instalar pacíficamente la democracia. El 14 de mayo de 1977, Don Juan finalmente renuncia a sus derechos dinásticos a favor de su hijo. Justo después de estas primeras elecciones triunfantes, el nuevo Parlamento constituyente puede finalmente ponerse a trabajar.

La autonomía de las regiones y la Constitución de 1978 (1977-1978)

El Parlamento, con el objetivo de consolidar su consenso, adopta por unanimidad la Ley de Amnistía del 15 de octubre de 1977. Sin embargo, es una ley de doble filo, ya que rehabilita a todas las víctimas de la dictadura con la condición de que los responsables de los abusos cometidos bajo el régimen franquista obtengan también la impunidad. Al querer empezar de cero, los nuevos dirigentes esperan poder reformar el país en una relativa paz social, pero sus acciones reprimen los deseos de justicia de la oposición y hacen que la frustración de la oposición extremista aumente.

A continuación, el primer ministro se centra en la política económica. En octubre de 1977, cierra un acuerdo con la oposición parlamentaria en la Moncloa en virtud del cual los sindicatos acceden a aparcar sus reivindicaciones e incluso aceptan algunas medidas draconianas, como la congelación de los salarios, a cambio de garantías sobre la reforma política. Sin embargo, esto no es suficiente para volver a levantar el país: para que la economía mejore, España necesita entrar en la Unión Europea. Su rey es un embajador ideal para tal efecto y, en octubre de 1976, lo recibe el presidente francés Valéry Giscard d'Estaing (nacido en 1926), que apoya abiertamente la candidatura de adhesión de España a la CEE.

Finalmente, para acabar de estabilizar a España, los reformadores consideran importante satisfacer las aspiraciones de autonomía de las regiones, a la vez para apaciguar la violencia de ETA y para conseguir el apoyo de los nacionalistas vascos y catalanes, necesario para que la Constitución obtenga la mayoría absoluta en el Parlamento. En septiembre de 1977, el Gobierno restablece la Generalidad de Cataluña y, en enero de 1978, el Consejo General Vasco, encargado de otorgarle un nuevo estatuto regional.

El Parlamento, que ya ha descartado todas las posibilidades de inestabilidad, puede dedicarse ahora a redactar la Constitución. Se crea una comisión específica formada por siete diputados que representan a todos los partidos democráticos (tres para la UCD y un grupo parlamentario PSOE,

AP, PCE y CIU). El texto final, aprobado el 31 de octubre de 1978 en sesión plenaria, muestra la voluntad de los constituyentes a conformarse ante el modelo de la democracia occidental, y define claramente el campo de acción de los tres poderes al tiempo que reafirma la autonomía de las regiones. El 6 de diciembre de 1978, se aprueba por referéndum con una mayoría aplastante (el 88 % de los votos). Sin embargo, en el País Vasco, más del 55 % de los votantes rechazan el estatuto de autonomía, ya que lo consideran insuficiente.

La entrada en vigor de la Constitución concluye de forma oficial la transición en España. El reto ahora consiste en dejar que la democracia recupere sus derechos y en adaptar las mentalidades al funcionamiento de las nuevas instituciones.

Consolidar la democracia (1979-1981)

Adolfo Suárez llama de nuevo a las urnas a los españoles para instituir el Parlamento y los consejos municipales en marzo de 1979. Sin embargo, la relación de fuerzas no cambia demasiado: la UCD sigue obteniendo la mayoría (con un 35 % de los votos), aunque el PSOE (con un 30 %) y el PCE (con un 11 %) mejoran su resultado tanto a nivel nacional como municipal. Así, Adolfo Suárez se mantiene a la cabeza de un Gobierno que deja un amplio margen a los nacionalistas catalanes (7 diputados) y vascos (8 diputados) pero al que sigue muy de cerca una oposición de extrema derecha liderada por el partido Fuerza Nueva.

La implementación del estatuto de autonomía regional se

impone como una urgencia en la agenda de la legislatura. Los gallegos, los catalanes y los vascos —cuyas autonomías fueron reconocidas por la Segunda República— son los primeros que lo obtienen. Las otras regiones se someten a un protocolo más lento que pretende habilitarles una autonomía limitada, algo que no gusta nada a los andaluces, que desean obtener las mismas libertades que Cataluña y el País Vasco.

La institucionalización compleja de los Estados regionales contribuye a la crisis que amenaza la legitimidad de la joven democracia entre 1979 y 1981. Después de la euforia de los meses que siguieron a la desaparición de Franco, los españoles están desanimados: el camino hacia la reconstrucción es más complejo de lo que parece. En 1980 se lleva a cabo una encuesta en la que un tercio de los españoles que responden considera que la situación empeora tras la muerte del Caudillo. La crisis petrolera de 1979 ensombrece todavía más el panorama, al provocar un aumento de los precios y frenar el crecimiento económico de 1980 y de 1981.

Suárez, tras haber llevado a cabo la transición de forma ejemplar, declara el fin de la tregua de los partidos en beneficio de la normalización política. Sin embargo, agotado por más de tres años de negociaciones y por las rivalidades en la UCD, es incapaz de administrar de forma eficaz la democracia que ha contribuido a construir, por lo que presenta su dimisión al rey el 29 de enero de 1981.

Juan Carlos al rescate de la democracia (febrero de 1981-1982)

El Ejército, aunque se haya mantenido al margen del proceso de transición, está atormentado por el riesgo de separatismo y los ataques terroristas, de los que es un objetivo primordial. Echa de menos la dictadura y no le perdona al primer ministro que haya legalizado el Partido Comunista. Sin embargo, con la configuración política de invierno de 1981, los militares tienen una nueva oportunidad para restaurar la autoridad del Estado. El 23 de febrero, cuando el Parlamento se dispone a votar la investidura de Leopoldo Calvo-Sotelo (1928-2008) —el sucesor de Suárez—, de repente irrumpe en el hemiciclo un grupo de guardias civiles liderados por el teniente coronel Antonio Tejero Molina (nacido en 1932), que afirman actuar en el nombre del rey. Los golpistas toman a los diputados y al Gobierno como rehenes, mientras esperan la llegada del general Alfonso Armada (1920-2013), que tiene que tomar el control de la situación y que Tejero piensa que instaurará una nueva dictadura militar. Sin embargo, Armada, antiguo secretario de Juan Carlos, quiere imponer un gobierno de concentración con la ayuda de los socialistas y los comunistas. Cuando se entera de esto, Tejero no puede creérselo y le niega el acceso a las Cortes en el momento decisivo. El resto de fuerzas armadas no se suman al movimiento militar, ya que el rey se ha pasado la noche animando a los jefes militares para que se queden en sus cuarteles. Contra todo pronóstico, el soberano reafirma definitivamente el crédito de la monarquía parlamentaria en España.

En noviembre de 1975, Juan Carlos dispone de todos los poderes del Caudillo, que delega a sus jefes de Gobierno.

EL FANTASMA DE FRANCO

El cuestionamiento de la herencia franquista

En 1997, los partidos de izquierdas se unen a los nacionalistas catalanes para cuestionar la política de amnistía. Las reivindicaciones se materializan sobre todo alrededor del tema de los desaparecidos de la Guerra Civil. Con el apoyo de algunas familias de los republicanos fusilados, Emilio Silva funda la Asociación para la Recuperación de la Memoria Histórica, y lleva a cabo una serie de acciones que tienen una gran resonancia en España. Además de las campañas de exhumación de las fosas comunes de la guerra, en 2002 presenta un recurso ante la ONU, con el objetivo de presionar al Partido Popular, entonces en el poder, que se muestra hostil ante las reprobaciones hacia el franquismo. Como respuesta a la movilización ciudadana, el 20 de noviembre de 2002 la comisión de los diputados del Congreso condena oficialmente el golpe del 18 de julio de 1936.

La Ley de 2007: un impacto simbólico

En 2004, la inesperada elección de José Luis Rodríguez Zapatero (nacido en 1960), presidente del PSOE y nieto de republicano, cobra un impacto simbólico. El Gobierno socialista, que desea reaccionar ante los ataques del Partido Popular, multiplica los actos simbólicos, como el desmantelamiento de la última estatua de Franco en Madrid o la supresión de todas las referencias a la dictadura en el espacio público.

Asimismo, el equipo de Zapatero realiza una acción más

concreta: elabora una ley que amplía los derechos de las víctimas de la Guerra Civil y de la dictadura. El texto, que se hace eco de las reivindicaciones de los antiguos combatientes y de sus hijos, dispone:

- el reconocimiento de las víctimas y de los colectivos de combatientes;
- la condena de la dictadura franquista y de la violencia ejercida contra las personas;
- la concesión de la nacionalidad española a los exiliados que la habían perdido, así como a sus hijos y a sus nietos;
- la atribución de indemnizaciones económicas a los huérfanos, los antiguos presos y los niños de la guerra;
- la creación del Centro Documental de la Memoria Histórica (CDMH) en Salamanca y la facilitación del acceso a los archivos;
- el establecimiento de una ayuda a los proyectos de la memoria a través de la concesión de becas, una parte de las cuales está destinada a las exhumaciones;
- la eliminación, finalmente, de los monumentos y de los emblemas que solamente exalten a uno de los bandos y que se encuentren en los edificios oficiales del Estado, excepto los que tengan un valor artístico o artístico-religioso, que están protegidos por la ley.

El efecto más visible que tiene esta política es la reapertura de expedientes de antiguos funcionarios franquistas a partir de 2008, tras la demanda de los colectivos de víctimas, aunque con ella se infringe la Ley de Amnistía de 1977. Sin embargo, la gran ofensiva contra el bastión franquista se detiene de golpe en 2011, cuando la extrema derecha logra obtener la suspensión del magistrado que impulsa el proyecto, aprovechándose de su implicación en un asunto de escuchas telefónicas.

Así, la ley de 2007 no alcanza su objetivo de satisfacer las reivindicaciones de las víctimas de la dictadura y pone al día el límite de tolerancia que la joven democracia española se niega a superar. Lo máximo que concede es el reconocimiento de los antiguos combatientes republicanos, sin sancionar no obstante la ilegalidad de las decisiones de los tribunales franquistas sobre los crímenes políticos. Más de 40 años después de su muerte, el fantasma de Franco parece que sigue amenazando a los españoles, hasta el punto de disuadirlos de la idea de concluir el proceso democrático.

EN RESUMEN

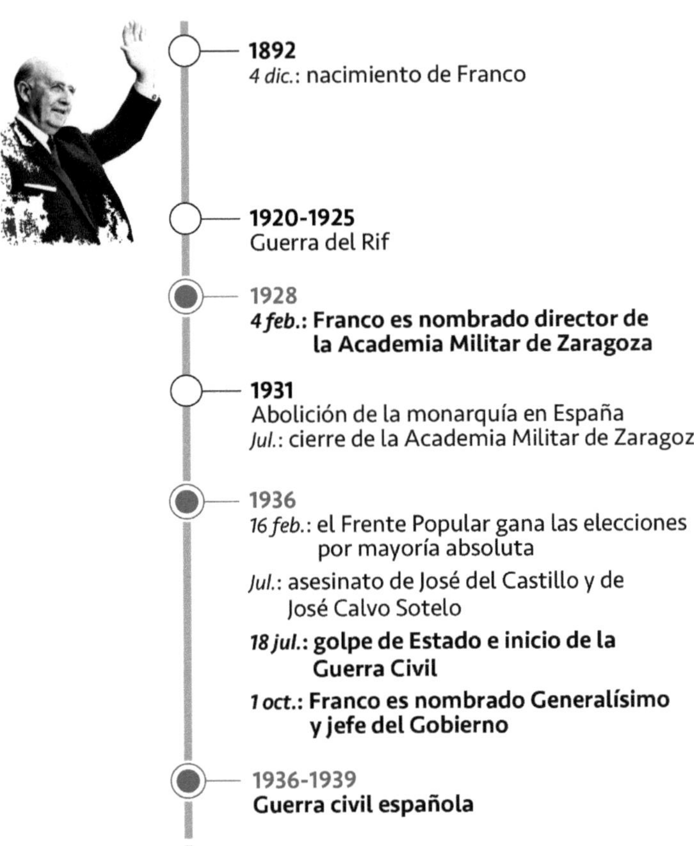

1892
4 dic.: nacimiento de Franco

1920-1925
Guerra del Rif

1928
4 feb.: **Franco es nombrado director de la Academia Militar de Zaragoza**

1931
Abolición de la monarquía en España
Jul.: cierre de la Academia Militar de Zaragoza

1936
16 feb.: el Frente Popular gana las elecciones por mayoría absoluta

Jul.: asesinato de José del Castillo y de José Calvo Sotelo

18 jul.: **golpe de Estado e inicio de la Guerra Civil**

1 oct.: **Franco es nombrado Generalísimo y jefe del Gobierno**

1936-1939
Guerra civil española

1939
Francia y Gran Bretaña reconocen el Gobierno de Franco

1 abr.: **Franco entra en Madrid**

1946
Dic.: España queda excluida de todas las instituciones internacionales

1955
15 dic.: **la España franquista es rehabilitada por la ONU**

1965
Franco delega sus responsabilidades a Carrero Blanco

1969
Juan Carlos es habilitado como sucesor del Caudillo

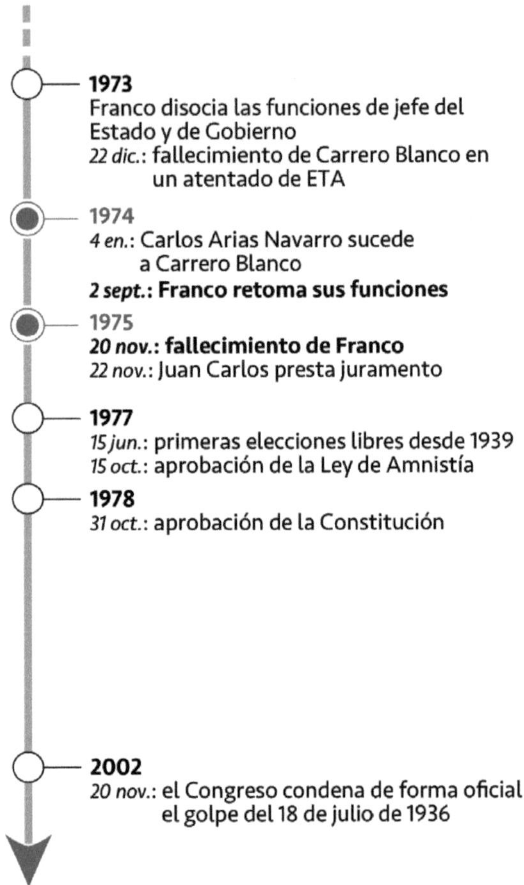

- La historia de Franco es la de un éxito que era poco probable y que tiene consecuencias trágicas para España. El general nace en 1892 en el seno de una casta militar humillada por la pérdida de las últimas colonias y al principio su horizonte se limita a una carrera banal en el Ejército de Tierra. Tiene la idea de restaurar la grandeza de España y, con 20 años, aprovecha la oportunidad que se le presenta e integra el 8.º Regimiento del Ejército de África. Allí, aprende los rudimentos de la guerra y forja su reputación de líder. Cuatro años después, Alfonso XIII ha observado sus hazañas y Franco sube al rango de general de brigada, aunque los veteranos de las colonias no vean este hecho con buenos ojos. Sin embargo, acaban aceptándolo.

- En 1917, es destinado por primera vez a Oviedo, donde descubre las condiciones de vida de los mineros asturianos durante una huelga sindical. A continuación, participa en el tribunal militar que decide el destino de los huelguistas y se forja una consciencia social, aunque sigue convencido de que el orden depende de la Iglesia y del Ejército.

- Militar por encima de todo, llevará el mando del Primer Tercio de la Legión Extranjera, en medio de la guerra del Rif. El futuro Caudillo infundirá a sus hombres una devoción hacia España y un odio hacia sus enemigos llevado hasta el fanatismo. Como jefe respetado, se sacrifica y utiliza el clima de crisis nacional para manipular a los medios de comunicación y presentarse ante los españoles y las fuerzas extranjeras como un hombre providencial.

- Tras el desembarco de Alhucemas, se gana el reconocimiento de sus camaradas, renuncia a sus ambiciones y se pone a la disposición de la monarquía. Con la esperanza de restaurar la autoridad del rey en un ejército en desbandada tras el desastre de Annual, el gobernador de Cataluña, Miguel Primo de Rivera, le pide que dirija la nueva Academia Militar de Zaragoza, destinada a formar a cadetes fieles a su dictadura.

- Sin embargo, la tendencia que tiene Alfonso XIII de apoyarse demasiado en el Ejército para gobernar hace que se produzca una brecha entre el trono y las élites. Frente a la oposición —que apela a favor de la instauración de una república—, el Caudillo elige ser prudente y sigue siéndole fiel a su soberano incluso después de que huya en 1931, lo que hará que Manuel Azaña, ministro de la Guerra, desconfíe de Franco y decida mandarlo a las Baleares.

- La debilidad de la izquierda moderada frente a la radicalización de los partidos nacionales, la victoria del Frente Popular en febrero de 1936 y la escalada de violencia que culmina con el asesinato de José Calvo Sotelo disipan sus dudas: rápidamente, se suma al golpe militar contra el Frente Popular que ha orquestado Emilio Mola.

- Tras la muerte de Sanjurjo, Franco se ve proyectado hacia el mando de las operaciones. Se reúne con el Ejército de África en Tetuán y cruza el estrecho de Gibraltar, apoyándose en la ayuda militar de Hitler y Mussolini. Sin embargo, el bando de los gubernamentales logra conservar Madrid y las cuencas industriales de Asturias y de Cataluña. Franco, a marchas forzadas, logra juntarse con las tropas de Emilio Mola en el norte, y establece su cuartel general en Cáceres. Sin embargo, no se impondrá ninguno de los dos bandos y la contienda se transformará en una guerra civil.

- Tras el fracaso del asedio de Madrid en noviembre de 1936, la intervención inesperada de Franco para liberar a los cadetes del Alcázar de Toledo hace que se imponga como líder del bando nacional al exterior del país y en el seno de la Junta Nacional. El 21 de septiembre, Alfredo

Kindelán y Emilio Mola le brindan su apoyo para liderar España. Una semana después, la Junta lo proclama Generalísimo. Gracias a la habilidad de su cuñado Ramón Suñer, Franco logra mantener su poder en el tiempo y es consagrado Caudillo.

• A partir de marzo de 1937, Franco dispone de la capacidad de organizar una intensa ofensiva contra un bando republicano que cada vez está más débil. A pesar de la resistencia de los gubernamentales, durante la primavera de 1937 los nacionales toman el control de las provincias mineras del norte y logran mantener su presión hasta noviembre de 1938. En ese momento, los ejércitos gubernamentales de Rojo se repliegan detrás del Ebro y, poco después, en marzo de 1939, cae Barcelona. Finalmente, se produce la dimisión del presidente Azaña y de Negrín. Inmediatamente después, el golpe de Estado del general Casado entrega Madrid a Franco. La Guerra Civil ha terminado, pero la penitencia para los vencidos no ha hecho más que empezar.

• En virtud de la Ley de Responsabilidades Políticas, la venganza de Franco contra los republicanos desemboca en una persecución sin piedad. Además, el Caudillo mantiene viva la herida entre los vencedores y los vencidos, sin buscar la reconciliación. El simple hecho de oponerse al Movimiento Nacional comporta la muerte y convierte a su dictadura de 36 años en una de las más sangrientas del siglo XX, con un trágico balance de 290 000 víctimas, de las cuales 105 000 mueren fusiladas.

• Al estallar la Primera Guerra Mundial, Franco y el Führer celebran una reunión en Hendaya, en la que llegan a un acuerdo: a cambio del apoyo logístico de la Marina española y del envío de la División Azul al frente oriental, Hitler acepta que España no intervenga de forma directa en la guerra. Aunque el Caudillo empieza a pensar en una posible alianza con los vencedores potenciales después de ver que Alemania acumula victorias, cambia de opinión cuando las tropas de Hitler son derrotadas en varias ocasiones.

- Franco tiene miedo de perder su poder si Alemania es derrotada, por lo que lleva a cabo reformas superficiales que otorgan poder a personalidades católicas encargadas de tranquilizar a los estados de Europa occidental, influenciados por la corriente católica demócrata. Con el apoyo de la Falange, la energía de los ministros del bloque católico y su lucha contra el comunismo, Franco logra perpetuar su dictadura a ojos de las grandes potencias, hasta el punto de que vuelve a integrar la Comunidad Europea en 1955.

- Franco ostenta el poder a expensas de una represión sin concesiones y del control político de la Iglesia, pero la autarquía en la que mantiene sumida a España prepara el terreno para una transformación irreversible de la sociedad. En 1956, la acción de la resistencia comunista con los jóvenes intelectuales de la Universidad de Madrid moviliza a una nueva generación de españoles que quieren dejar atrás el fantasma de la Guerra Civil. El Caudillo, que no es capaz de entender esta fractura, pasa el testigo a un equipo de ministros tecnócratas encargados de reconstruir la legitimidad del régimen sobre el crecimiento económico de los años sesenta. Aunque la política de aumento de los salarios y la apertura de España al turismo permiten desarrollar la industrialización, reanudar las inversiones extranjeras y elevar el nivel de vida de la burguesía, una parte importante de la sociedad se desvincula de la dictadura.

- En julio de 1969, el nombramiento del príncipe Juan Carlos de Borbón como sucesor de Franco plantea el interrogante de la supervivencia del régimen tras la muerte de Franco.
- Durante sus últimos seis años de vida, el Caudillo se enfrenta al resurgimiento violento de las reivindicaciones regionalistas vascas y catalanas, que habían estado aparcadas durante 40 años.
- Franco muere el 20 de noviembre de 1975, desgastado por el poder, y los españoles finalmente pueden dejar atrás una de las dictaduras más largas del siglo XX.

¡Tu opinión nos interesa!
¡Deja un comentario en la página web de tu librería en línea,
y comparte tus favoritos en las redes sociales!

PARA IR MÁS ALLÁ

FUENTES BIBLIOGRÁFICAS

- Aguilar Fernández, Paloma. 2003. "L'héritage du passé dans la transition espagnole". *Matériaux pour l'histoire de notre temps*, vol. 70, 34-42.
- Bachoud, Andrée. 1997. *Franco, réussite d'un homme ordinaire*. París: Fayard.
- Bennassar, Bartolomé. 1996. *Franco*. Traducido por Alfonso Colodrón. Madrid: Editorial EDAF.
- Bennassar, Bartolomé. 2010. *Histoire des Espagnols*. París: Perrin, colección *Tempus*.
- Campuzano, Francisco. 2000. *L'élite franquiste et la sortie de la dictature*. París: L'Harmattan.
- Crozier, Brian. 1969. *Franco. Biographie*. París: Mercure de France.
- Debray, Laurence. 2013. *Juan Carlos d'Espagne*. París: Perrin.
- Defourneaux, Marcelin. 2007. *L'Espagne de Franco pendant la Seconde Guerre mondiale*. París: L'Harmattan.
- Del Castillo, Michel. 2008. *Le temps de Franco*. París: Fayard.
- Documentation espagnole. 1937. *L'œuvre du général Franco*. Bruselas: s. n.
- Molina Mármol, Maite. "Histoire, mémoire et politique: l'Espagne et la mémoire historique". *Analyse de L'IHOES*, n.º 136.
- Preston, Paul y Ángel Palomino. 2005. *Franco, biographies croisées*. París: Jacques Grancher.
- Preston, Paul. 1995. *Franco. A Biography*. Illinois: Fontana

Press.

- Richards, Michael. 1998. *Time of Silence: Civil War and Culture of Repression in Franco's Spain*. Cambridge: Cambridge University Press.
- Rozenberg, Danielle. 2014. "La mémoire du franquisme dans la construction de l'Espagne démocratique". *Boletín trimestral de la Fundación Auschwitz*, n.º 117, 56-66.
- Suárez-Fernández, Luis. 1993. "Franco: l'homme, le soldat, le politique". En *La guerre d'Espagne revisitée*, 129-164. Dirigido por Arnaud Imatz. París: Economica.
- Silva, Emili y Santiago Macías. 2008. *Les fosses du franquisme*. París: Calmann Levy.

FUENTES COMPLEMENTARIAS

- Beevor, Anthony. 2006. *La guerre d'Espagne*. París: Calmann-Lévy.
- Canal, Jordi. 2009. *Histoire de l'Espagne contemporaine de 1808 à nos jours*. París: Armand Colin.
- Esensein, George y Adrian Shubert. 1995. *Spain at War, the Spanish Civil War in Context (1931-1939)*. London: Longman.
- Hermet, Guy. 1981. *Les catholiques dans l'Espagne franquiste*. París: Presses de la Fondation nationale des sciences politiques.
- Hocq, Christian. 2005. *Dictionnaire d'histoire Politique du XXe siècle*. París: Ellipses.
- Imatz, Arnaud. 1993. *La guerre d'Espagne revisitée*. París: Economica.
- Labrousse-Courcelle, Vincent y Nicolas Marmié. 2008. *La guerre du Rif. Maroc 1921-1926*. París: Tallandier.

- Payne, Stanley. 2010. *La guerre d'Espagne, l'histoire face à la confusion mémorielle*. París: Éditions du Cerf.
- Payne, Stanley. 1965. *Phalange : histoire du fascisme espagnol*. París: Éditions Ruedo Iberico.
- Vaca de Osma, José Antonio. 1991. *La larga guerra de Francisco Franco*. Madrid: Ediciones Rialp, S. A.
- Vaicbourdt, Nicolas. 2005. "L'administration d'Eisenhower et la diplomatie de l'anticommunisme". *Communisme*, n.° 80/82, 105-134.

FUENTES ICONOGRÁFICAS

- El peñón de Alhucemas frente a Agadir. La imagen reproducida está libre de derechos.
- Fotografía tomada en Madrid durante la guerra. La imagen reproducida está libre de derechos.
- Foto tomada durante el asedio del Alcázar en 1936. La imagen reproducida está libre de derechos.
- Ruinas de Guernica, 1937. La imagen reproducida está libre de derechos.
- Entrada de las tropas republicanas en Teruel, 1937-1938. La imagen reproducida está libre de derechos.
- Valle de los Caídos. La imagen reproducida está libre de derechos.

PELÍCULA Y DOCUMENTAL

- *Cuando Franco murió, yo tenía 30 años*. Dirigido por Gustavo Cortés Bueno. España, Francia y Bélgica: 2005.
- *Las 13 rosas*. Dirigida por Emilio Martínez Lázaro, con Pilar López de Ayala, Verónica Sánchez y Gabrielle

Pession. España e Italia: Enrique Cerezo P.C., Pedro Costa
P.C. y Filmexport Group, 2007.